DE LA VERTICALITÉ
PROF. CHARBONNET/HEIZ
D-ARCH ETH ZURICH

⊓ PARK BOOKS

Prologue   **4**
Introduction   **6**
Situations   **12**
Critères   **52**
Processus   **70**
Équipe   **72**

de la Verticalité	73
Crédits	123
Index des images	124
Colophon	128

EPF Zurich Département d'Architecture
HIT H41.3, Wolfgang-Pauli-Str. 27
CH – 8093 Zurich

//
Prologue

Empruntant au pamphlet la forme et l'ambition, ce recueil confronte idées vagues et images claires pour exprimer une perspective critique sur les stratégies contemporaines en matière d'urbanisme et d'architecture. Sa structure discursive met en relation une étude de cas spécifique et une réflexion théorique : un double commentaire évocatoire qui met en exergue les enjeux inhérents à la mutation de la ville, par-delà le quantifiable et le raisonnable.

De mai 2019 à août 2020, la Ville de Zurich lance des mandats d'étude parallèles visant à la révision de la législation qui règlemente la construction des immeubles de grande hauteur *(Hochhausrichtlinien)*. Huit agences locales et internationales concourent à l'optimisation du statu quo hérité de 2001 par le biais de relevés systématiques, d'évaluation critique, de spéculations hypothétiques. Made in met une pensée axiomatique à rebours du normativisme au service des enjeux collectifs. Au-delà de la résolution des problèmes et l'introduction de mesures spécifiques, c'est l'énoncé même de la problématique qui est révisé : des traits sémantiques aux tracés structurels. Ainsi, le rapport qui suit s'inscrit dans une démarche à la fois politique, architecturale et académique. S'appuyant sur le potentiel littéral du terme *Richtlinien*, il fait l'apologie de l'énonciation de lignes directrices, plutôt que d'une règle stricte. Dénonçant l'atomisation progressive des devoirs, il invite à une désacralisation de l'autorité décisionnaire en faveur de la responsabilisation de chacun des acteurs participant de la ville et aux négociations. Proposant une méthode urbanistique anti-technocrate et non-déterministe, l'exposé vise autant à restituer à l'architecte un rôle central qu'à réhabiliter la tour comme véritable projet architectural. Plus qu'une résultante, c'est une *Gestalt*, un effort esthétique en termes de rapports et de proportions, stratégique en termes de composition.

Cette étude de cas concrète, augmentée d'un essai épistolaire traitant de la Verticalité au sens large – des analogies formelles aux projections mythopoétiques – montre qu'il s'agit d'un projet global, et de portée universelle. S'adressant tant à l'architecte et à l'urbaniste qu'au politicien ou au flâneur, la proposition invite à reconsidérer avec une ferveur émerveillée l'espace urbain. Le réel est sondé par le biais des images : assemblées comme dans une rêverie, celles-ci révèlent d'autres possibles, dont il ne reste qu'à se saisir.

Marine de Dardel

Introduction

> La vérité : elle est incapable d'imaginer demain mais elle est capable
> de se souvenir d'hier et elle est capable – ce souvenir dedans – de
> le projeter dehors ; et parce que ça se projette dehors, ça devient une
> image. Une image : la trace de ce qu'il y aura après. On ne peut pas
> voir ce qu'il y aura après, mais on peut voir la forme qu'il y avait avant.
> Et là, il y a de l'obscurité. Que un ne soit pas la trace de un, mais la
> trace de deux, le souvenir du désir de deux – avant et après. […] Un désir
> maladif et forcément mortel d'être plus que un : un autre que soi.
> — Jean-Luc Godard, *France, Tour, Détour, Deux Enfants* (1977)

J'ai repensé au mot d'ordre de Jean-Luc Godard : « Il faut confronter les idées vagues avec des images claires. » (*La Chinoise*, 1967.) Pour synthétique qu'elle soit, la formule traduit bien la stratégie mise en œuvre dans le cadre du mandat d'étude parallèle sur les *Hochhausrichtslinien* et résume à elle seule son mode opératoire : figurer une somme d'histoires alternatives par le biais des images allégoriques d'un hypothétique passé et en extraire une série de dispositions sans force de loi relatives aux constructions en hauteur dans la ville de Zurich.

Si *l'image* est invoquée, c'est qu'elle semble avoir aujourd'hui perdu sa force d'évocation, dévitalisée autant par l'ascendance du virtuel numérique que par la primauté du verbe et du chiffre sur la figuration : on lui préfère *l'illustration* – qui est toujours une fin, jamais une origine – et un arsenal de critères prétendument impartiaux, rationnels ou méthodiques. Force est pourtant d'admettre que la ville a depuis longtemps cessé d'être *imaginée* au profit d'une gestion comptable et managériale de son territoire, alibi d'un pouvoir décisionnel soi-disant objectif – béquille bureaucratique du capital – et dont on peut par conséquent faire la « science ». *Gérer* semble être, hélas, l'unique projet politique contemporain. C'est que l'on conçoit la ville et son développement comme une somme de mesures, de seuils chiffrés, d'étalonnages métrés, tous garants de la *fonction service* héritée d'une modernité repue du vernis utilitariste et assujettie aux impératifs du double agenda économique et politique. Mais si tout citoyen est acteur de son milieu – son usager –, il en est aussi le spectateur. Plus qu'un corps subordonné à des besoins, il faut bien que la ville ait donc un visage qui s'accorde à ses désirs. Or le désir est fuyant, résiste à la réduction univoque et ne se résume pas à la quantification de son objet. L'Anti-Œdipe[1] nous dit aussi qu'il est un agencement, jamais un *avoir* mais un *devenir*, et qu'il est donc dynamique. Et s'il est vrai que *l'image*, soustraite à la codification administrative, ne saurait être l'arbitre souverain de prescriptions relatives à l'aménagement d'un territoire, elle peut éventuellement en devenir le discret vecteur. C'est l'hypothèse de cette étude.

Si les *Richtlinien* insistent sur la distinction entre *image* et *illustration*, c'est pour mieux inverser le rapport de subordination entre l'outil de planification et son produit, et situer celle-là en amont du processus décisionnel modérateur des possibles : faire de la ville le *produit d'une image* plutôt que *l'image d'un produit* et cheviller le développement des constructions en hauteur non à des valeurs rigoristes, mais à l'arbitrage d'un pouvoir éclairé par une iconographie critique. À ce titre, l'étude – embryonnaire – s'adresse au moins autant aux autorités et aux citoyens qu'aux architectes et aux investisseurs. Sa légitimité tient dans l'essence même de la démarche qui n'a jamais consisté dans la formulation d'une énième juridiction mais bien dans l'articulation d'une « jurisprudence » souple et non contraignante. Elle a pour corollaires la nécessaire responsabilisation et l'éducation de tous les acteurs en charge de l'aménagement, prenant soin de n'offrir à aucun l'alibi tyrannique et débilitant de la norme.

Ces *Richtlinien* n'offrent évidemment aucune garantie, mais postulent que les politiques d'aménagement urbain gagneraient à envisager un régime alternatif à celui du moindre mal. Elles invitent donc à penser à ce que la ville *pourrait* devenir plutôt qu'à ce qu'elle *devrait* être, et mobilisent un sens du possible (*Möglichkeitssinn*) musilien[2] afin qu'aux propriétés objectives (*Eigenschaften*) soient substituées un ensemble de qualités désirables. Car davantage qu'administrer un existant, il faut bien concevoir un futur, aussi hypothétique soit-il : « Ce qui fait de l'espérance un plaisir si intense, c'est que l'avenir dont nous disposons à notre gré, nous apparaît en même temps sous une multitude de formes, également souriantes, également possibles. Même si la plus désirée d'entre elles se réalise, il faudra faire le sacrifice des autres, et nous aurons beaucoup perdu. L'idée de l'avenir, grosse d'une infinité de possibles, est donc plus féconde que l'avenir lui-même, et c'est pourquoi l'on trouve plus de charme à l'espérance qu'à la possession, au rêve qu'à la réalité[3]. » Concevoir la ville comme la somme de possibles imaginés : voilà l'une des tâches qui relèvent du projet d'architecture.

La méthode, triviale dans sa forme – celle du montage – consiste en la recontextualisation dans un ailleurs zurichois d'une anthologie de paradigmes architecturaux ayant acquis valeurs canoniques, sans considération des circonstances ayant présidé à leurs réalisations. Omettant les contingences de l'histoire, elle évite tout déterminisme et ne donne à dessein que *l'image* à voir. L'illusion qu'elle entretient n'a toutefois de valeur que dans la mesure où celle-ci souligne la pertinence des relations que les objets cultivent avec leurs contextes immédiats : il s'agit de souligner l'adéquation de rapports morphologiques et/ou programmatiques, qui ne sont jamais exclusivement hiérarchiques, encore moins comptables, mais plastiques et relèvent d'une composition essentiellement somptuaire et dérogatoire. Considérée dans son ensemble, la série défend in fine que la question des constructions en hauteur tient moins d'une quelconque quantification paramétrique que d'une notion plus souple et riche d'une infinité de variations, celles de la *verticalité*.

Redire le primat de la forme sur le nombre, postuler la prééminence du subjectif sur l'objectif et s'affranchir de l'injonction de la règle, c'est aussi conjurer l'automatisation de l'exercice du jugement et lui substituer l'évaluation critique des situations singulières. Le projet soutient que tout est affaire de spécificités, qu'il n'existe aucune transversalité des modalités et qu'il est réducteur de soumettre le corps urbain aux prescriptions de valeurs étalons, celles du chiffre et de l'interdit. Cela revient à plonger l'avenir de la ville – ou plutôt sa préfiguration – dans un conditionnel passé chimérique ; et si le futur exprime une action à venir, le conditionnel énonce lui une hypothèse ou un souhait, qui n'est autre, encore une fois, qu'un *devenir*. Devenir autre(s) et tracer des lignes de désirs avant de connaître le moyen de leurs effectuations est plus qu'un renversement protocolaire : c'est une invitation à repenser méthodiquement la ville à travers *l'image*, en subordonnant le *comment* – forcément vague – au *quoi* – nécessairement clair.

François Charbonnet

---

[1] Gilles Deleuze et Félix Guattari, *Capitalisme et schizophrénie 1 : L'Anti-Œdipe*, Éditions de Minuit, Paris, 1973.
[2] Robert Musil, *L'Homme sans qualités*, Seuil, Paris, 1930.
[3] Henri Bergson, *Essai sur les données immédiates de la conscience*, Félix Alcan, Paris, 1889.

KVLY-TV MAST (FORMERLY KTHI-TV MAST),
BLANCHARD, NORTH DAKOTA, 1963

Révision des directives relatives aux immeubles de grande hauteur à Zurich (DIGHZ)

Rapport d'étude final

MADE IN

Situations

Après qu'elles ont été appliquées durant près de vingt ans, il est temps de reconsidérer la pertinence des directives de 2001 relatives aux immeubles de grande hauteur à Zurich (DIGHZ), de même que le bien-fondé des règlements de construction et le tracé des zones d'affectation. Une étude en deux phases commanditée par l'Office de l'urbanisme de la Ville de Zurich entre mai 2019 et août 2020 dans le cadre d'une procédure sélective servira de fondement à cette réforme. L'objectif est, d'une part, l'évaluation de la législation en vigueur ainsi que l'examen critique des zones affectées aux immeubles de grande hauteur (IGH) et, d'autre part, l'élaboration de projets d'adaptation. Le produit de cette étude servira de base à la mise à jour effective des directives ainsi que du plan des zones d'affectation. S'il s'est agi dans un premier temps de recueillir un large éventail d'idées et d'hypothèses, la deuxième phase d'étude a été consacrée à l'approfondissement des éléments essentiels à la révision et au développement de propositions concrètes. Le présent rapport synthétise l'ensemble des conclusions tirées de l'étude ainsi que des discussions et recommandations du comité pilote, composé d'experts techniques et de membres de l'administration municipale. Divers représentants des enjeux politiques et techniques spécifiques ont en outre été informés et consultés dans le cadre d'un colloque. — Ville de Zurich, Office de l'urbanisme, extrait du *rapport final sur la révision des directives relatives aux immeubles de grande hauteur, étude en deux phases effectuée dans le cadre d'une procédure sélective*, 11 avril 2022

MAAG AREAL	+	5 BRYANT PARK	+	TOUR SANS FINS	15
BAHNHOFSTRASSE	+	TORRE VELASCA			16
LEIMBACH	+	EDIFÍCIO COPAN			19
PRIME TOWER	+	THE ECONOMIST BUILDING			20
LÖWENPLATZ	+	NEW COURT ROTHSCHILD BANK			22
TONI-AREAL	+	FEDERAL CENTER			24
HAUPTBAHNHOF	+	METLIFE BUILDING			27
RENNWEG	+	PLACE DE L'HÔTEL DE VILLE			29
ZÜRICH WEST	+	ROCKEFELLER CENTER			30
IRCHELPARK	+	THE BERESFORD			32
LEUENHOF	+	LOOK BUILDING			35
SCHWAMENDINGEN	+	KITAGATA APARTMENT BUILDING			36
LEUTSCHENBACH	+	STARRETT-LEHIGH BUILDING			38
ZÜRICHBERG	+	PALAIS STOCLET			40
JOSEFWIESE	+	TUDOR CITY			42
SWISSMILL TOWER	+	KULTURFORUM			45
BELLEVUE	+	CORSO VITTORIO EMANUELE			46
ZENTRALHOF	+	TOUR BEL-AIR			48
CAFÉ OBER	+	PIRELLI TOWER	+	SESC POMPÉIA	51

Critères

Les critères d'exigence à intégrer aux futures directives relatives aux immeubles de grande hauteur à Zurich (DIGHZ) et qu'il s'agira de négocier dans le cadre de projets à venir sont classés en fonction des quatre pôles suivants :

TEXTE	A1	PRINCIPES + VOCABULAIRE
	A2	AMPLITUDE
	A3	HISTOIRE + PATRIMOINE
	A4	PORTÉE
TERRITOIRE	B1	SITUATION
	B2	MARGES
	B3	AGENCEMENT
	B4	TOPOGRAPHIE
OPTIMISATION + PROGRAMME	C1	OPTIMISATION
	C2	RÉFÉRENTIEL DE DÉVELOPPEMENT
	C3	PROGRAMME
	C4	ACCESSIBILITÉ
ARCHITECTURE	D1	HAUTEUR
	D2	FORME
	D3	MORPHOLOGIE + PROPORTIONS
	D4	TYPOLOGIE

Chacun de ces quatre pôles étant lui-même ramifié en quatre sous catégories, ce rapport d'étude comprend seize critères qualitatifs au total. Ceux-ci sont valables aussi bien isolément qu'en combinaisons et doivent être considérés comme des paramètres variables : il s'agit de données indiciales et relatives visant à garantir tant l'excellence des aménagements urbains que celle d'immeubles de grande hauteur initiateurs de qualité urbanistique.

CRITÈRE

La révision sémantique révèle que c'est la transition d'une posture passive à une disposition proactive qui s'opère. Les nouvelles directives délestées de toute connotation négative sont ainsi favorables à l'érection d'immeubles de grande hauteur. Ceux-ci peuvent en effet agir en qualité d'agents urbanistiques favorisant des rapports singuliers et des agencements hétéroclites.

**DIGHZ 2001
PROTECTIONNISTE**

protéger
VERBE trans. | pro - té - ger
mettre qqn ou qqch. à l'abri d'une chose néfaste,
prémunir, défendre, sauvegarder, veiller

exclure
VERBE trans. | ex - clure
[1] mettre dehors
[2] a) refuser à qqn l'accès à qqch.
b) renvoyer qqn d'un lieu où elle était admise
[3] écarter qqn d'un ensemble, d'un groupe,
d'une collectivité
[4] refuser d'envisager, être incompatible

expulser
VERBE trans. | ex - pul - ser
[1] évacuer de son organisme, éliminer, éjecter
[2] chasser une pers. du lieu où elle s'était établie,
bannir, marginaliser, extrader
[3] faire sortir (qqn) avec violence d'un lieu, faire évacuer

réserver
VERBE trans. | ré - ser - ver
[1] laisser libre, mettre de côté, prévoir
[2] retenir, attribuer par avance, destiner exclusivement
à qqn ou qqch.

**DIGHZ 2021
PROACTIF**

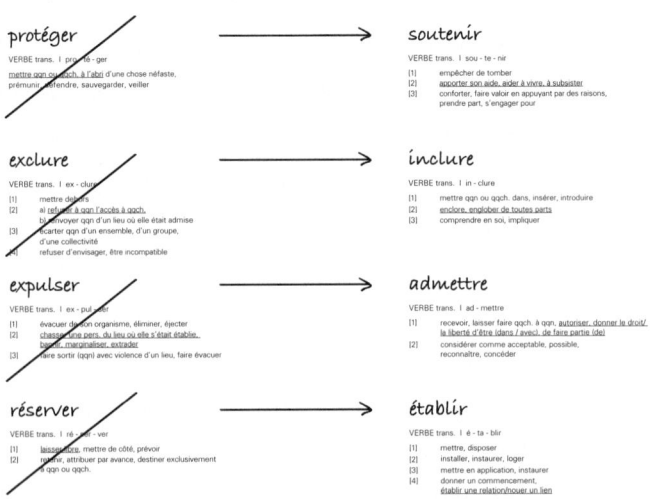

A1   Principes + Vocabulaire

CRITÈRE

L'amplitude des directives révisées ne se limite plus à l'objet seul mais concerne l'ensemble de son environnement, c'est-à-dire son périmètre immédiat mais aussi toute l'étendue de son milieu, son territoire. Les immeubles de grande hauteur font partie intégrante d'un tissu urbain et social vaste : au-delà de leur valeur intrinsèque, ils sont susceptibles de générer une plus-value substantielle pour l'ensemble de la ville et ses habitants. L'échelle de référence permettant d'évaluer leur zone d'influence est celle du *quartier*, c'est-à-dire un secteur urbain pouvant être appréhendé dans son ensemble et perçu comme cohérent.

DIGHZ 2001
BÂTIMENT

DIGHZ 2021
PÉRIMÈTRE +
MILIEU

A2   Amplitude

CRITÈRE

La réforme de l'échelle d'appréciation temporelle de la ville et de son patrimoine bâti permet un dégel de l'Histoire : ne se limitant plus à l'exercice d'une autorité absolue, celle-ci se voit transposée en un facteur dynamique. Le déterminisme législatif se défige ainsi au profit de recommandations variables et flexibles pour mieux répondre à la versatilité des problématiques architecturales et à l'acuité des enjeux de planification urbaine. Le degré d'adaptabilité des stratégies de développement est directement proportionnel à la qualité de ce dernier.

DIGHZ 2001
DÉTERMINISTE

DIGHZ 2021
FLEXIBLE

A3 Histoire + Patrimoine

CRITÈRE

Plutôt que d'être restreinte par les tracés parcellaires, la portée des projets d'immeubles de grande hauteur devra s'étendre à l'ensemble du périmètre de leur zone d'influence, c'est-à-dire aux parcelles avoisinantes constituant un secteur cohérent. La typologie de l'îlot urbain du XIXe siècle est exemplaire en ceci qu'une multiplicité de parcelles et projets distincts participent d'une forme globale tout en se partageant un square commun (cour ou jardin intérieurs). Le tout est ainsi supérieur à la somme de ses parties.

DIGHZ 2001
PARCELLE

DIGHZ 2021
PERIMÈTRE

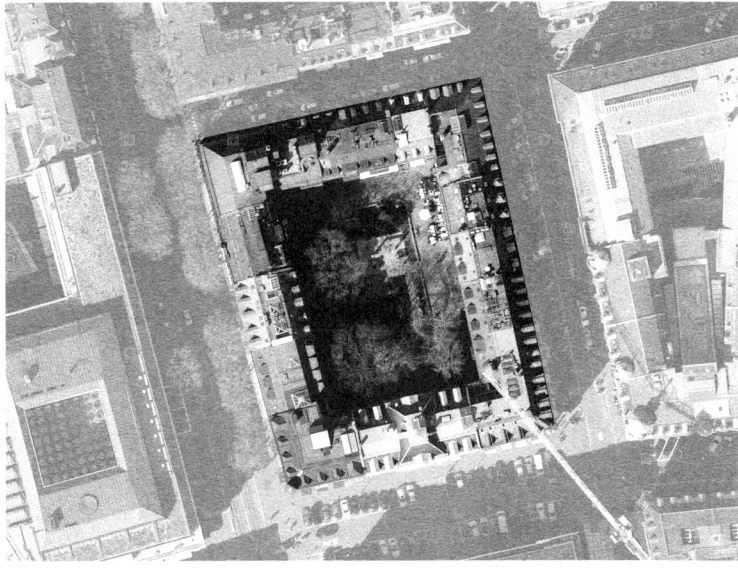

A4 Portée

CRITÈRE

La construction d'immeubles de grande hauteur n'est plus limitée *a priori* à des secteurs prédéterminés, mais devient *en principe* possible dans toute la zone urbaine. L'IGH doit être considéré comme une typologie singulière et différenciée pouvant s'imbriquer dans n'importe quel contexte morphologique, typologique et historique. Cette nouvelle amplitude territoriale nécessite bien entendu l'évaluation critique et minutieuse du tissu préexistant à l'échelle locale.

DIGHZ 2001
3 ZONES D'IGH

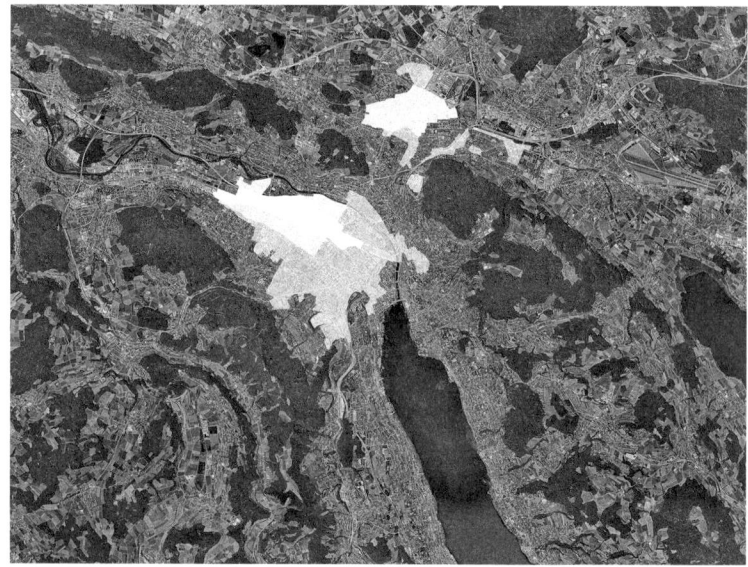

DIGHZ 2021
L'ENSEMBLE
DE LA VILLE

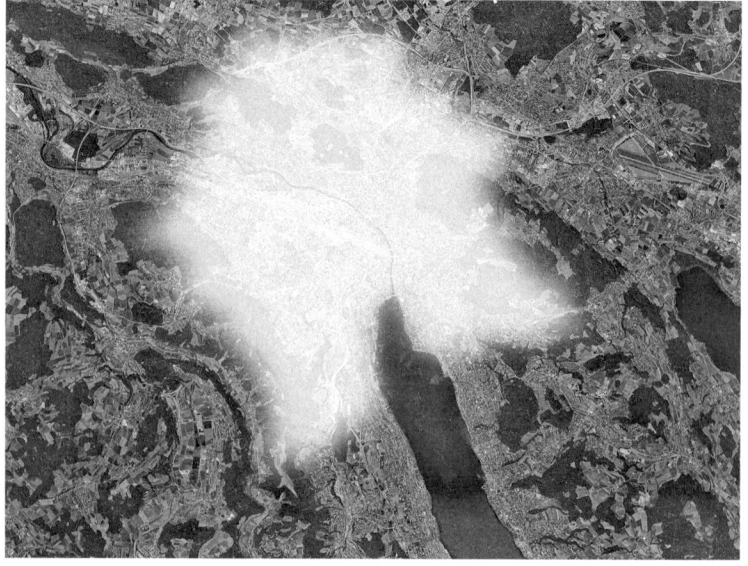

B1   Situation

CRITÈRE — Les marges des zones de développement d'IGH ne devront plus présenter des sauts abrupts d'échelle, mais plutôt des transitions progressives en termes de gabarits. Les typologies graduées contribuent à la constitution d'un tissu topographique continu, créant ainsi des mises en relations inédites entre des zones ou objets hétéroclites : temporalités, densités et caractères distincts viennent à former un tout harmonieux bien que différencié.

DIGHZ 2001
LIMITES

DIGHZ 2021
TRANSITIONS

B2 Marges

CRITÈRE Les immeubles de grande hauteur ne demeurent plus des objets isolés au statut d'exception architecturale, mais deviennent les parties intégrantes d'un tout prépondérant. Formellement, trois types de développement se distinguent : *ponctuel* (au sein d'un quartier homogène), *linéaire* (déployé le long de voies ferrées, de cours d'eau ou de rues notamment), et *en surface* (en bordure de parc ou de place par exemple). Le profil urbain acquiert ainsi une cohérence primant sur l'éclectisme morphologique, scalaire ou typologique.

DIGHZ 2001
SOLITAIRES

DIGHZ 2021
ENSEMBLES >
POINT, LIGNE, SURFACE

B3   Agencement

CRITÈRE   Il est impératif que la topographie géologique de la ville prime à l'avenir sur la topographie économique de celle-ci.

DIGHZ 2001
TOPOGRAPHIE
ÉCONOMIQUE

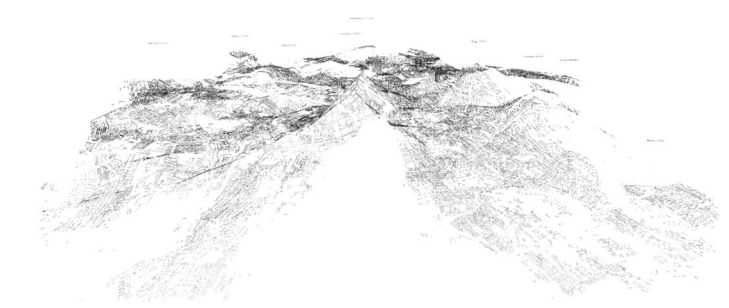

DIGHZ 2021
TOPOGRAPHIE
GÉOLOGIQUE

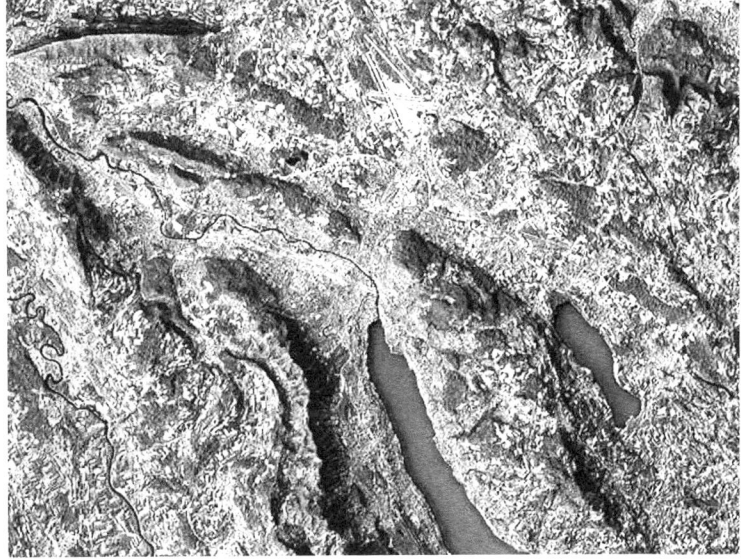

B4   **Topographie**

CRITÈRE

Pour contrecarrer la vacance urbaine effective ou perçue, il est essentiel d'optimiser le coefficient d'occupation du sol (COS) des immeubles de grande hauteur. Le seuil de la surface bâtie (SB) tolérée augmenté au-delà de la limite admise d'ordinaire pour une surface de terrain déterminante (STd) équivalente, permet la maximisation de la surface construite totale d'une part, et la constitution d'un vide urbain plus compact d'autre part. Les IGH peuvent ainsi contribuer au caractère citadin de leur zone d'influence (quartier) tout en densifiant la ville de l'intérieur.

DIGHZ 2001
VIDE

DIGHZ 2021
DENSITÉ

C1   Optimisation

CRITÈRE

Les immeubles de grande hauteur maximisent non seulement l'exploitation de leur propre parcelle, mais favorisent aussi l'optimisation et la valorisation de leurs alentours. Ils deviennent ainsi les initiateurs d'une nouvelle densité urbaine, les catalyseurs de processus de développement inédits dont l'objectif est l'aménagement et le financement croisé des infrastructures publiques et communautaires. Grâce à un système de bonus-malus adapté, le produit du bénéfice tiré d'une occupation optimisée du sol par les promoteurs d'IGH sont restitués au public.

DIGHZ 2001
PASSIF

DIGHZ 2021
ACTIF

C2 Référentiel de développement

CRITÈRE

Les immeubles de grande hauteur regroupent une multiplicité de fonctions : ils ne se contentent pas d'une affectation primaire additionnée de quelques fonctions secondaires, mais sont fondamentalement hétérogènes. Ce sont des entités hybrides constituées de programmes mixtes : infrastructures, espaces publics, institutions culturelles, divertissement, commerce de détail, bureaux ou encore logements.

DIGHZ 2001
AFFECTATION UNIQUE

DIGHZ 2021
AFFECTATION MIXTE

C3 Programme

CRITÈRE L'accessibilité des immeubles de grande hauteur est repensée : non plus cantonnés aux rez-de-chaussée, les espaces ouverts au public se déploient tant dans les étages intermédiaires qu'au niveau du toit. C'en est fini des tours impénétrables : ces bâtiments deviennent des vecteurs et supports collectifs d'urbanité.

DIGHZ 2001
EXCLUSIF

DIGHZ 2021
INCLUSIF–PUBLIC

C4 Accessibilité

CRITÈRE

Plutôt que d'être définie en termes absolus par sa valeur numérique, la hauteur d'un immeuble est déterminée relativement à la situation et au contexte spécifiques. La notion de *verticalité* remplace ainsi celle de *hauteur*; c'est une redéfinition phénoménologique de l'espace puisque c'est l'environnement réellement vécu et physiquement perçu qui est déterminant. Par conséquent, la hauteur d'une construction dépend en premier lieu de considérations topographiques, typologiques, morphologiques, contextuelles, compositionnelles et de densité.

DIGHZ 2001
HAUTEUR > VALEUR NUMÉRIQUE

DIGHZ 2021
VERTICALITÉ > VALEUR MORPHOLOGIQUE

D1   Hauteur

CRITÈRE Les immeubles de grande hauteur n'ont plus l'aspect de volumes isolés extrudés grossièrement mais de corps architecturaux gradués ou échelonnés de manière nuancée. De cette modulation plastique résulte une disposition cohérente tenant compte des impératifs contextuels. Les retraits volumétriques génèrent de potentiels espaces publics aux niveaux intermédiaires et supérieurs.

DIGHZ 2001
EXTRUSION

DIGHZ 2021
GRADATION +
DISPOSITION

D2 Forme

CRITÈRE Les plus remarquables bâtiments de grande hauteur de Zurich demeurent les clochers des églises médiévales. Leur proportion est généralement comprise entre les rapports 1:4 et 1:12 (!). Pour prétendre à une élégance équivalente, les immeubles de grande hauteur devraient respecter un rapport de 1:4 au minimum.

DIGHZ 2001
MAX. 1:4

DIGHZ*2021
MIN. 1:4

D3 Morphologie + Proportion

CRITÈRE   Une ville est constituée de typologies corrélatives, c'est-à-dire qu'au sein d'une même zone de développement d'IGH, il existe une interdépendance typologique entre les parcelles et projets distincts. Trois prototypes se distinguent : a) le solitaire (tour isolée), b) l'îlot de grande hauteur flanqué d'une tour, et c) l'îlot de grande hauteur gradué.

DIGHZ 2001
UN PROTOTYPE
AUTONOME

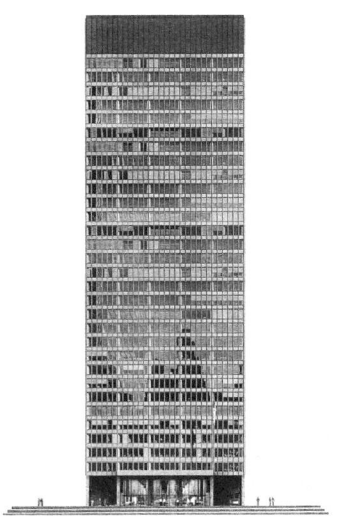

DIGHZ 2021
PLUSIEURS PROTOTYPES
HÉTÉRONOMES

D4   Typologie

Processus proactif pour la conception d'ensembles qualitatifs d'immeubles de grande hauteur

Afin de générer une excellente qualité urbanistique et architecturale en matière d'immeubles de grande hauteur, il est impératif de prendre en compte l'ensemble du milieu déterminant (secteur dont l'étendue est définie de manière appropriée) de même que les critères [A] à [D] indexés précédemment. Sept questions se posent sur les outils processuels existants :

1. Quelles sont les différentes formes d'organisation et structures existant pour favoriser le développement d'ensembles denses d'IGH ?

Dans une étude réalisée en 2016, la société Ernst Basler und Partner (EBP) a examiné le potentiel de réhabilitation et de densification de quartiers ou sites existants. Elle recense cinq modèles d'organisation :

– propriétaires fonciers organisés
– promoteur immobilier initiateur de développement
– commune pilote de projet
– communauté de développement avec liberté d'action
– société de développement / planification coopérative

2. Quelles tâches incombent à la commune-pilote ?

Afin qu'elle puisse orienter le processus de développement de manière proactive, il est essentiel que la commune : a) cible en premier lieu les périmètres urbains envisageables, les propriétaires fonciers, ainsi que les formes d'organisation appropriées ; b) fournisse des prestations en amont sous forme d'études de faisabilité, d'études d'impact, de principes et modèles de développement, en organisant par exemple des concours publics d'urbanisme ; enfin, c) qu'elle organise, coordonne et pilote des réunions regroupant les propriétaires fonciers concernés.

3. Sur quels modèles et outils reposent jusqu'ici les projets d'IGH ?

– le site industriel Escher Wyss Areal : MAN, Allreal ; stratégie de développement, plan d'aménagement cadre avec plans de conception complémentaires
– le site industriel Maag Areal Plus : groupement Maag / Coop / Welti-Furrer / Ville de Zurich ; étude d'impact, prescriptions spéciales de construction, plan d'aménagement réglant le bâti, les espaces libres, la circulation et les affectations
– le site de Sulzer Areal, à Winterthour : société anonyme Sulzer SA ; plans de conception
– les projets Europaallee et Zollstrasse : chemins de fer fédéraux suisses (CFF) ; études urbanistiques, études d'impact, plans d'aménagement
– le quartier Limmatfeld à Dietikon : société anonyme Halter prestations immobilières ; plan d'aménagement
– Zurich Nord, Neu-Oerlikon : ABB, AXA, canton de Zurich ; études, plan directeur de Neu-Oerlikon 2018, prescriptions spéciales de construction
– le site de Manegg Areal / Greencity : développement mené par EG Losinger Marazzi ; plan de développement et d'urbanisme, procédure de planification concertée, plan d'aménagement, modèle urbanistique, plans de conceptions complémentaires
– le campus de Hönggerberg : ETH Zürich ; plan directeur du campus de Hönggerberg 2040, prescriptions spéciales de construction, révision des codes du bâtiment et des zones d'affectation
– le quartier de Friesenberg : société coopérative Familienheim (FGZ) ; schéma directeur, révision partielle du plan des zones d'affectation, plan d'urbanisme complémentaire ayant valeur de plan d'aménagement public (avec détails sur les structures et la densité du bâti, l'aménagement de l'espace viaire, les accès et équipements, les espaces verts et la protection des arbres), contrat d'urbanisme
– le quartier de Leutschenbach : Ville de Zurich et autres propriétaires ; processus de planification et de développement concerté, principes de développement, études, modèle urbanistique

4. Quels enseignements peut-on tirer des exemples nommés ci-dessus ?

Le développement des sites susmentionnés a été initié par : a) des propriétaires fonciers individuels (p. ex. Sulzer AG, CFF, ETH) ; b) par un petit nombre de propriétaires fonciers-investisseurs (Maag Areal, Neu-Oerlikon) ; c) par une société de développement professionnelle (p. ex. Halter, Losinger Marazzi). Le développement ultérieur des sites s'est déroulé en collaboration avec la Ville et les communes. Par le passé, la création d'ensembles densifiés d'immeubles de grande hauteur se faisait presque exclusivement au moyen de plans d'affectation spéciaux (plans d'aménagement, prescriptions spéciales de construction), en combinaison avec d'autres outils de planification adéquats définis au cas par cas. Le processus d'approbation et de validation des plans d'affectation spéciaux permet d'intégrer et de fixer de manière contraignante les qualités architecturales et urbanistiques conçues dans les dispositions et les contrats d'urbanisme correspondants. Or, cela est impossible dans le cadre de projets d'IGH réalisés conformément aux règles de construction ordinaires. Les projets mentionnés ont été majoritairement lancés par la « dynamique du marché ». Le développement du quartier de Leutschenbach est, quant à lui, un exemple convaincant de processus proactif dans lequel la commune joue le rôle pilote.

5   Quelles sont les arguments plaidant en faveur de la variante « commune-pilote » ?

Les friches urbaines dont le régime de propriété est clair sont désormais majoritairement aménagées, entraînant l'essoufflement du marché – voire sa paralysie. L'attention se porte conséquemment sur des sites déjà construits, au parcellement morcelé et soumis à une situation foncière complexe. Il devient impératif d'agir de manière coordonnée étant donné les cas de figure suivants :

– Zurich 2040
– sites présentant un grand potentiel de développement
– sites à forte densité
– sites dont la densité dépasse les règlements urbanistiques
– régimes de propriété foncière complexes (propriétaires multiples)

6   Quels enseignements tirer de l'aménagement du quartier de Leutschenbach ?

Dans le cadre du projet de Leutschenbach, l'Office de l'urbanisme avait lancé un processus de planification proactif en amont, pour mieux définir et entériner les exigences en matière de qualités urbanistiques. Cette nouvelle autodétermination d'une ville agissant de manière proactive était formulée dès le concept de développement de Leutschenbach : « L'objectif et la tâche de l'Office de l'urbanisme est de garantir la qualité urbanistique de Zurich [...]. Dans le cadre de processus concertés et coopératifs, nous élaborons [...] des solutions créatives et réalisables suivant la devise : anticipation, mise en œuvre, suivi. La pratique de l'aménagement dans le cadre des législations en vigueur exige une pluralité d'outils, de fonctions et de méthodes de travail. Suivant la nature du projet, nous assumons différentes tâches : réflexion préliminaire en matière de planification et d'aménagement du territoire, conception, coordination, médiation, conseil, expertise, évaluation et accompagnement lors de la mise en œuvre. »

7   Comment transposer l'exemple de Leutschenbach à la révision des directives sur les immeubles de grande hauteur ?

Pour une conception proactive d'ensembles d'IGH de qualité, il existe aujourd'hui déjà une multitude d'outils de planification appropriés :

– adaptation de la réglementation en vigueur
– révision des plans de zones d'affectation
– plans d'aménagements privés et publics
– prescriptions spéciales de construction
– obligation de joindre un plan d'aménagement au code du bâtiment
– prescriptions de construction spéciales incluses au code du bâtiment avec plan d'aménagement obligatoire
– plans de quartiers
– réhabilitation de zones
– équipements communautaires
– contrat d'urbanisme

L'exemple de Leutschenbach démontre que la combinaison de multiples outils de planification existants aboutit à un meilleur résultat et qu'il est plus aisé d'exiger et mettre en œuvre un certain standard de qualité si celui-ci a été prédéfini par la Ville. Ce type de démarche dans le cadre de la planification d'ensembles d'immeubles de grande hauteur pourrait garantir une plus-value substantielle.

Synthèse

La variante « commune-pilote », c'est-à-dire l'autodétermination et la volonté d'une ville d'agir de manière proactive dans la création d'un urbanisme de qualité, doit être représentée sous une forme adéquate dans les directives sur les immeubles de grande hauteur. Il semble en effet plus sensé de lancer, coordonner et participer de manière proactive au processus de développement d'un site approprié que de chercher a posteriori au cas par cas la meilleure solution envisageable dans un contexte bâti existant, après seulement avoir été confronté à un projet concret.

Made in Sàrl
Architecture (mandataire)

Depuis sa fondation en 2003, le bureau Made in a participé à de nombreux concours, constructions et projets de recherche. Implanté à Genève et Zurich, Made in s'est illustré sur la scène nationale et internationale en développant des projets forts dans des contextes urbains, des infrastructures complexes ainsi que des programmes exigeants de nature et d'échelle variées. L'ancrage dans un environnement humaniste et le questionnement critique des enjeux de la construction contemporaine sont d'une importance capitale. La pertinence socio-culturelle du rôle de l'architecte dans la ville est toujours précisément analysée et appréhendée à la lumière de son changement permanent. Une approche conceptuelle caractérisée par une pensée holistique génère des projets conciliant les multiplicités contextuelles et saisissant les potentiels urbains. L'interaction entre un site, un client spécifique et un environnement dynamique ouvre un champ des possibles dans lequel Made in a bâti sa réputation grâce à des solutions programmatiques innovantes. Au-delà de leurs engagements en tant que fondateurs, François Charbonnet (*1972) et Patrick Heiz (*1973) se consacrent intensément à la recherche académique et à l'enseignement. Après avoir occupé de nombreux postes en tant que professeurs invités en Suisse et à l'étranger, ils ont intégré en 2018 le département d'architecture de l'école polytechnique fédérale de Zurich (ETH Zürich) en tant que professeurs titulaires.

Atelier Girot
Paysage

Actif à l'échelle internationale depuis 1986, Christophe Girot a fondé son atelier zurichois en 2001. Le vaste domaine de compétences tant en architecture du paysage et infrastructures paysagères qu'en aménagement urbain, fait de l'Atelier Girot un interlocuteur de renom. Travaillant avec la même aisance à toutes les échelles, il se consacre aussi bien à l'aménagement de petits jardins qu'à des projets d'urbanisme ou de paysages d'envergure. Le recours aux technologies de projection et de visualisation géoréférencées les plus avancées permet le développement de solutions innovantes. L'Atelier bénéficie de vingt-cinq ans d'expérience en matière de conception et de réalisation de formes inédites, en phase avec les exigences contemporaines : des visions progressistes élaborées grâce à la combinaison maîtrisée d'outils classiques et de nouveaux médias tels que la vidéo et les techniques de modélisation.

Gartenmann Engineering AG
Génie civil

Gartenmann Engineering œuvre depuis 1971 dans les domaines de l'acoustique, de la physique du bâtiment, de l'énergie, de la durabilité et de la protection incendie. L'objectif de l'entreprise est de concilier et satisfaire aux considérations sociales, économiques et écologiques. Une équipe de 72 ingénieurs, architectes, physiciens et techniciens répartis sur 6 sites gère 1600 mandats courants. L'entreprise est forte d'une solide expérience en matière de construction d'immeubles de grande hauteur grâce à sa participation à divers projets de rénovation, d'extension et de construction.

Matthias Künzler
Jurisdiction

Matthias Künzler exerce à Zurich en tant que juriste dans le domaine de l'immobilier depuis 2001. En qualité de Senior Legal Counsel auprès de CFF Immobilier, il a été responsable du suivi juridique global de plusieurs sites de développement (Europaallee, Zollstrasse, Andreasturm). Grâce à la rédaction de son mémoire de master intitulé *Hochhäuser in Zürich und der Schattenwurf – eine rechtliche Würdigung*, (« Les immeubles de grande hauteur à Zurich et leur ombre portée – une appréciation juridique »), il est fort d'une excellente compétence dans ce domaine et suit localement le développement de nombreux projets d'immeubles de grande hauteur. Il enseigne à l'université de Zurich dans le cadre du programme MAS Real Estate.

Laurent Stalder
Histoire de l'architecture

Laurent Stalder (*1970) est professeur à l'ETH Zürich où il dirige l'Institut d'Histoire et de Théorie de l'Architecture (GTA). Il a obtenu son diplôme d'architecture à l'ETH en 1996 et son doctorat en 2002. Il a ensuite enseigné pendant quatre ans à l'université de Laval au Québec avant d'être nommé à l'ETH en 2006. Ses travaux de recherche et publications portent principalement sur l'histoire et la théorie de l'architecture du XIXe au XXIe siècle, à la croisée de l'histoire des techniques. Il a édité de nombreuses monographies et publié des essais portant aussi bien sur l'architecture ancienne que contemporaine. En tant que critique et historien, il commente régulièrement l'architecture suisse dans des quotidiens et des magazines renommés. Plus récemment, il s'est consacré à l'étude de la croissance de l'équipement technique en Suisse – un phénomène qu'il qualifie de « pastorale technologique ».

de la Verticalité

de la Verticalité

Il est possible de délimiter l'espace, bien que, par nature, il soit illimité et intangible. L'espace se dissout dans l'obscurité et s'évapore dans l'infini. Il n'a pas forme ; il faut des intermédiaires pour le rendre visible ; il doit acquérir une forme et des bornes, soit de la nature, soit de la main de l'homme. Le reste ne dépend que de l'établissement des rapports. Bien que l'espace soit intangible, il existe une expérience émotionnelle de l'espace. Comment se créé-t-elle ? Que faut-il pour qu'un vide à dimensions limitées prenne une forme qui fasse vibrer notre sensibilité ? Il serait vain de vouloir expliquer ce phénomène d'une manière logique.
— SIGFRIED GIEDION, *L'ÉTERNEL PRÉSENT : LA NAISSANCE DE L'ARCHITECTURE*, 1966

Mars 2022

> *Qui est là ? Ah très bien : faites entrer l'infini.*
> — LOUIS ARAGON, UNE VAGUE DE RÊVES, 1924

Quel texte saurait tenir tête à l'image, dans un domaine où règne la représentation ? Partout le regard domine et pourtant, « l'image est une création pure de l'esprit ». Elle naît du rapprochement de deux réalités distinctes, est une ressemblance de rapports lointains mais justes, provoquant ce que Pierre Reverdy décrit comme une émotion « pure, poétiquement[1] ».

De même, selon la linguistique, une image est une évocation dans le discours d'une réalité (souvent abstraite) différente de celle à laquelle renvoie le sens littéral du texte, mais liée à elle par une relation de similitude, d'analogie. Ainsi, l'image appartient tout autant au discours et a un caractère représentatif : en lui offrant un artefact sensible, un grand artifice, elle provoque un mouvement extraordinaire de l'âme.

Répondre à l'image par l'image alors, mais d'un autre genre. Je m'en remets à la mémoire qui préserve les formes, et à l'imaginaire qui transmute librement les idées « simples » : elle opère par associations. Ainsi, les principes de la *ressemblance*, la *contiguïté*, la *causalité* et l'*effet*[2] provoquent des attractions dépassant le simple hasard, pour générer des idées « complexes ».

Pas d'exposé historique, de dissertation académique, ni encore de topologie exhaustive ; plutôt une pensée déliée, un soliloque déviant de propos en possibles, selon les lois de ce « précurseur sombre [qui met] en rapport des potentiels différents [afin que fulgure] l'événement visible[3] » – pour les infinies transversalités. Dans cette valse hypnotique, la nature des proximités importe peu :

> *Crois-moi, cette image est plus qu'elle ne paraît.*
> — OVIDE, *HEROÏDES*, XIII

FIG. I   JEAN-LUC GODARD, *LA CHINOISE*, 1967

Avril 2022

Avant le texte, le verbe : peut-on écrire la ville avant d'en invoquer le mythe ? Expression allégorique d'un paradigme moins existentiel que géométrique.

La langue de Céline[4] a pu, mieux qu'aucune autre, exprimer la nature de cette surprise mêlée à l'effroi qui fait taire le galérien débarqué en Amérique. Son rire nerveux se dissipe avec la brume, pour finir asphyxié par le malaise d'une civilisation brutalement confrontée à la progéniture monstrueuse d'une autre. Une chimère sublime à la toison d'acier ; mais quelle insolence il aura fallu pour hérisser ainsi l'horizon d'arêtes ! On est loin des villes couchées qui, avec volupté, « s'allongent sur le paysage » et attendent le voyageur. Une langueur qui incite au vice : Céline, lui, était né à Courbevoie, aux abords d'une ville en mutation, au crépuscule du naturalisme ; dans le Paris de Zola, carcasse infâme et rongée de vermine. L'Europe sclérosée faiblit devant l'espoir fallacieux d'un Nouveau Monde. D'une part, la perspective séquestrée, de l'autre, l'horizon cuirassé. Ainsi, à la ville *horizontale*, tentaculaire, épuisée, répond la ville *verticale*, armée, effroyable. Opposer pour autant le passif à l'actif serait indigent. Il suffit d'invoquer Melville[5] dont le refus parabolique est un exploit de révolte, ou encore cet urbanisme superficiel, proliférant sur l'ensemble du territoire américain. Le Corbusier ne se désolait-il pas du manque d'élévation de New York[6] ? L'égalitarisme ne vise-t-il pas un aplanissement général ? Le monarchisme n'est-il pas pyramidal ? Du reste, les souterrains labyrinthiques de Paris et ses strates historiques ne sont-ils pas justement gage de verticalité ? Ainsi, celle-ci est définie par un *rapport* subjectif et proportionnel ; elle ne peut être autre que *relative*.

L'esprit ordonnateur saura-t-il se satisfaire d'une telle approximation ? Architecturer revient à assister la matière qui se débat pour trouver sa forme. Humble

FIG. 2   LE CIMETIÈRE DU MONTPARNASSE, PARIS, 1967

exercice certes, mais surtout privilège incomparable de modeler les songes, figurer le temps – inviter l'infini. Qu'on me taxe d'ingénuité, tant mieux : c'est être libre de droit, et *tout* est à réinventer.

> « *Changer la vie* », « *changer la société* », *cela ne veut rien dire s'il n'y a pas production d'un espace approprié.* — HENRI LEFEBVRE, *LA PRODUCTION DE L'ESPACE*, 1974

À quoi bon s'obstiner à ligoter une discipline dont l'essence même est force et dynamique ? Elle ne rêve plus dans cet état d'engourdissement paralytique, elle se meurt.

**

12 mai 2022

Ce que l'œil abstrait, le verbe le figure ; c'est la naissance de la géométrie et de la grammaire. La morale suivra de près. Et si l'on admet l'urbanisme comme la production d'un espace social et politique, les dimensions de la ville reflètent celles de la pensée qui l'a imaginée : une idéologie polaire.

Le haut et le bas, le bien et le mal, le ciel et la terre. L'épisode de l'arbre de la connaissance est édifiant :

> *[…] tu marcheras sur ton ventre, et tu mangeras de la poussière tous les jours de ta vie.* — GENÈSE 3 : 14

C'est bien sur le plan horizontal qu'évolue tout ce qui est vil, bas et médiocre. Condamnées et maudites, les âmes obséquieuses rampent vers le néant, aveuglées par la pathologie du progrès qui les asservit – c'est l'ivresse d'un vertige simulé, une chute horizontale.

Idem du point de vue de l'évolution : l'hominisation et l'acquisition d'une conscience ne suffisent pas à distinguer l'homme de la brute ; mais cette prise de hauteur littérale et métaphorique transforme radicalement le rapport au territoire. L'étendue vierge se voit mutée en plan à conquérir : à défaut de pouvoir gagner les cieux, reste à s'emparer de l'horizon.

Dans son film *2001, l'Odyssée de l'espace,* Stanley Kubrick se risque à figurer l'avènement et la déchéance simultanés de l'humanité. À l'aube de la grande *marche du progrès,* un anthropoïde brandit un os et commet le premier meurtre de l'histoire. L'arme et l'assassin : double entéléchie.

Ce geste catégorique qui (s')abat comme un trait, c'est celui-là même que Lucio Fontana commet invariablement contre ses toiles, avec cette répétition obsessionnelle tant déshumanisante que transcendante. Elle ne sont plus un support, mais une *illusion* qui s'offre aux hasards de son environnement non pictural. En lacérant la toile, il reproduit l'accident originel à la faveur duquel la première entaille fut produite. Il capture ainsi le mouvement dans l'espace-temps, en révèle les forces sous-jacentes – celles, instinctives et viscérales, de la violence absolue du premier crime.

Le revers qui égorge n'est-il pas l'équivalent cartésien de ce geste archaïque ? Celui qui sectionne la tête pensante pour libérer le corps asservi ? Les instruments ingénieux qui distancient le bourreau de l'horreur de sa fonction reproduisent fidèlement cette logique géométrique. La figure dépouillée de la potence – littéralement *la puissance* – devient à la fois signe, symbole, et serment. Grave et fière, elle met l'homme au défi de vivre en lévitation, ou fatalement de mourir *debout*. Rien de plus sinistre que la verticalité artificielle du pendu : rien qu'un spectre qui se confond avec la corde vacillante du gibet. Celui-ci incarne l'insolence de suppléer l'autorité divine en animant des corps désarticulés. Pas de sépulture pour ces morts-là : leurs lambeaux s'évanouissent dans les nuées.

Inversement, le condamné qui offre sa nuque « au souffle frais[7] » de la guillotine, est face au sol ; il embrasse la glaise dont il est issu :

> *Le sol sera maudit à cause de toi. C'est à force de peine que tu en tireras ta nourriture [...], jusqu'à ce que tu retournes dans la terre, d'où tu as été pris ; car tu es poussière, et tu retourneras dans la poussière.*
> —GENÈSE, 3 : 17-19

La grande veuve fait jaillir le sang irriguant les sillons d'où émergeront d'autres hommes. Au-delà de l'horreur, le couperet allie la beauté d'une exécution mécanique et parfaite, la clémence d'une fin indolore, l'ivresse du spectaculaire... à la mansuétude envers le faible, puisqu'on lui accorde la réunification avec la matière dont il est issu.

Tout de même, il n'est pas surprenant que, face aux remous incessants de la tourmente, se refusant à annihiler le bouillonnement des passions, certains se soient opposés à la rigueur rationnelle – fondamentalement *contre-nature* – du classicisme. La mélancolie inhérente au romantisme suggère ce désir ardent de réconciliation métaphysique, de réalisation de la continuité originelle rompue. La *mer de brume* de Caspar David Friedrich, en engloutissant l'horizon, supprime la perspective et atténue un instant cette déchirure. Il nous offre la dissolution thaumaturgique du fossé séparant la terre du ciel et légitime ainsi l'aspiration au monde céleste. Qu'il est apaisant de sentir qu'il y a plus grand, plus fort que soi ! Il importe peu que l'avenir soit incertain, notre for intérieur insondable, notre existence insignifiante ; l'intuition du sublime nous comble le temps d'une terrible contemplation. Et qu'il est enivrant, ce vertige mêlé à la stupéfaction ! Edmund Burke ne dit rien d'autre[8] : l'expérience du sublime, c'est celle d'un ravissement de soi, qui emplit l'esprit et l'empêche de raisonner, c'est l'admiration mêlée à la peur, face à la menace de l'extinction. Ses passages sur le sublime sont fameux cependant que la suite de sa réflexion s'oppose à la conception *classique* du Beau, comme idéal rationnel de proportions :

> *La beauté fait une impression trop vive et trop profonde pour ne pas dépendre de quelques qualités positives : et puisqu'elle n'est pas un être de notre raison, puisqu'elle nous trappe sans aucun rapport d'utilité, [...] il faut conclure que la beauté est le plus souvent une qualité des corps qui agit mécaniquement sur l'esprit humain par l'intervention des sens.*
> — EDMUND BURKE, *L'ORIGINE DE NOS IDÉES DU SUBLIME ET DU BEAU*, PARTIE III, CHAP. 12

Une posture empiriste relevant de critères physiologiques et psychologiques, de causes mécaniques (celles de l'*objet*) déployant leurs effets dans *le sujet*. Un relativisme modéré qui nous suggère les clefs d'une unanimité esthétique : les disparités subjectives de perception et de goût – produites par l'habitus, la doxa – sont négligeables par rapport aux causes matérielles objectives à l'origine des effets et affects.

Si le romantisme est une « autocritique de la réalité, portant sur le désenchantement du monde, sa quantification, sa mécanisation, l'abstraction rationaliste et la dissolution des liens sociaux[9] », n'est-il pas d'une contemporanéité flagrante ? N'y puiserait-on pas justement les instruments d'une réforme globale, idéologique et architecturale ? Il s'agit de provoquer à nouveau un bouleversement politique, socio-culturel, esthétique et architectural ; de faire une « autocritique de la ville » dont la beauté ne suffit plus : elle se doit d'aspirer au Sublime.

Retenons ces postulats essentiels : (1) De la pulsion meurtrière de l'homo erectus aux aspirations esthétiques et métaphysiques du voyageur des sommets, la dynamique *verticale* – qu'elle soit ascendante ou descendante – révèle un instinct primitif d'annihilation et

FIG. 3   ARNOLD BÖCKLIN, *DAS IRRLICHT*, 1882

de transcendance : une contradiction à l'origine du sentiment du sublime. (2) Pour produire un espace social et politique cohérent, il faut provoquer une réforme culturelle globale : la sublimation de la ville implique un détournement des valeurs absolues, au profit d'une posture relativiste.

*
* *

15 mai 2022

Il existe un lien mystérieux entre un territoire et la culture qui le vit, c'est-à-dire le voit. L'emprise que les figures qui nous entourent exercent sur nous dépend du champ dans lequel notre œil les inscrit. Et cet inconscient collectif se forge et varie au gré des techniques de représentations. Après la percée des Alpes par le naturalisme flamand (qui, en percevant des « paysages » donna à voir une nature désymbolisée) puis leur éclipse sous le Roi-Soleil (qui, en abolissant toute forme de beauté sauvage, présenta une nature entièrement domestiquée), il faudra le romantisme et son sens du sublime pour concevoir une nature humanisée. Le spectacle d'une chose n'est pas donné avec son existence, c'est l'expérience qui la transfigure. La contemplation des sommets rocheux rend perceptible la part de nous-mêmes qui n'est pas réduite à notre être matériel : notre humanité subjective survivrait à l'accident qui supprimerait l'homme naturel. Un siècle après Kant, dans la célèbre pensée 347 *Le Roseau pensant*, Pascal écrit que l'homme est toujours plus noble que la force qui le tue « parce qu'il sait qu'il meurt, et l'avantage que l'univers a sur lui, l'univers n'en sait rien [10] ». Le propre du caractère alpin est l'intuition innée de cette audace.

On sait que le paysage alpestre devint par la peinture une allégorie de l'âme helvétique. Ce nouvel art national, en misant sur la charge symbolique de motifs pastoraux – la figure du pâtre serein malgré les eaux furieuses et l'âpreté de la roche environnante – incarne l'image d'un pays confiant bien que cerné par une Europe exposée à d'incessantes menaces. Cette force de cohésion est l'essence même du sentiment national : union de choix et non de devoir, qu'il soit moral ou culturel. L'histoire extraordinaire de la constitution de l'État fédéral élevée au rang de nécessité politique et éthique, d'opportunité sociale et culturelle – aujourd'hui encore un véritable programme politique et académique[11].

La montagne, comme ailleurs la mer, est une représentation collective possédant une histoire propre. Ce sont, au sens sociologique du terme, des institutions culturelles. Maurice Merleau-Ponty établit un parallélisme entre les conditions géographiques et les traductions artistiques : pas d'art pictural dans les territoires mornes où l'uniformité et la monotonie dissuadent de l'exercice d'un quelconque rendu figuratif. Le sens de la nuance vient avec les contrastes. Le sens inné des couleurs et des tonalités, propre à un pays aussi accidenté et hétéroclite que le nôtre, semble pourtant engourdi, étouffé peut-être par ce don pour le consensus qui tend à uniformiser. Un talent indéniable, souvent une nécessité, jamais une fin : l'ambition se doit de le dépasser. Et si l'on considère la montagne comme une institution culturelle première, alors qu'en est-il de la ville helvétique ? Et que dire de la véritable maison valaisanne qui tient plus de la tour que du chalet pittoresque ?

*

> *La seule chose sur laquelle je ne jouissais pas de la liberté était la durée excessive des repas. J'étais bien le maître de ne pas me mettre à table ; mais, quand j'y étais une fois, il fallait y rester une partie de la journée, et boire d'autant. Le moyen d'imaginer qu'un homme et un Suisse n'aimât pas à boire ?*

> *En effet, j'avoue que le bon vin me paraît une excellente chose, et que je ne hais point à m'en égayer, pourvu qu'on ne m'y force pas. J'ai toujours remarqué que les gens faux sont sobres, et la grande réserve de la table annonce assez souvent des mœurs feintes et des âmes doubles. Un homme franc craint moins ce babil affectueux et ces tendres épanchements qui précèdent l'ivresse. Mais il faut savoir s'arrêter et prévenir l'excès. Voilà ce qu'il ne m'était guère possible de faire avec d'aussi déterminés buveurs que les Valaisans, des vins aussi violents que ceux du pays, et sur des tables où l'on ne vit jamais d'eau. Comment se résoudre à jouer si sottement le sage et à fâcher de si bonnes gens ? Je m'enivrais donc par reconnaissance ; et ne pouvant payer mon écot de ma bourse, je le payais de ma raison.* —JEAN-JACQUES ROUSSEAU, JULIE OU LA NOUVELLE HÉLOÏSE, LIVRE I, LETTRE XXIII, 1761

Avant qu'elle ne bascule dans un sommeil oublieux frère de la mort, l'ivresse est verticale. Qu'elle soit des profondeurs ou des hauteurs importe peu. Ce ravissement de l'âme, l'exaltation psychique que peut provoquer une passion, est à l'être ce que la poésie est au texte. D'où l'injonction baudelairienne à la griserie pour se soulager de « l'horrible fardeau du temps qui pèse sur nos épaules[12] ». C'est bien le grand mal de la civilisation que de se rêver impérissable, et sa dignité d'avoir converti ce manquement en œuvre d'art.

**

FIG. 4 FRANÇOIS DIDAY, *LA CASCADE DE PISSEVACHE*, 1852

17 mai 2022

> *Mais pour les mots, il me semble qu'ils nous affectent d'une manière bien différente de celle dont nous sommes affectés soit par les objets naturels, soit par la peinture, ou par l'architecture ; cependant les mots ont autant de pouvoir, et quelquefois plus de pouvoir qu'aucun de ces objets pour exciter des idées du beau et des idées du sublime [...]* — EDMUND BURKE, L'ORIGINE DE NOS IDÉES DU SUBLIME ET DU BEAU, PARTIE V, CHAP. I, 1757

La réflexion esthétique de Burke dissèque les mouvements de l'âme et leurs automatismes : il existe un rapport mécanique de cause à effet entre les motions et configurations des corps – objets naturels ou artefacts – et les affects qu'ils produisent. La nature en est la cause première ; toutes les variations de l'art lui suppléent grâce à l'imitation ; l'architecture fait appel de surcroît à la raison dont sont dérivées les lois de la proportion ; l'écriture enfin se distingue en ceci qu'elle allie dimension sonore, espace pictural abstrait et les affections spécifiques liées à l'un et l'autre.

Ainsi, le *mot* contient une musique, projette une image, déploie un espace. Son potentiel expressif atteint son apogée dans la poésie. Qu'elle soit lyrique, symboliste, surréaliste... peu importe le mouvement ou le style, la portée de la démarche est identique.

***

20 mai 2022

POETRY IS VERTICAL

1   *In a world ruled by the hypnosis of positivism, we proclaim the autonomy of the poetic vision, the hegemony of the inner life over the outer life.*

2. *We reject the postulate that the creative personality is a mere factor in the pragmatic conception of progress, and that its function is the delineation of a vitalistic world.*
3. *We are against the renewal of the classical ideal, because it inevitably leads to a decorative reactionary conformity, to a factitious sense of harmony, to the sterilisation of the living imagination.*
4. *We believe that the orphic forces should be guarded from deterioration, no matter what social system ultimately is triumphant.*
5. *Esthetic will is not the first law. It is in the immediacy of the ecstatic revelation, in the a-logical movement of the psyche, in the organic rhythm of the vision that the creative act occurs.*
6. *The reality of depth can be conquered by a voluntary mediumistic conjuration, by a stupor which proceeds from the irrational to a world beyond a world.*
7. *The transcendental "I" with its multiple stratifications reaching back millions of years is related to the entire history of mankind, past and present, and is brought to the surface with the hallucinatory irruption of images in the dream, the daydream, the mystic-gnostic trance, and even the psychiatric condition.*
8. *The final desintegration of the "I" in the creative act is made possible by the use of a language which is a mantic instrument, and which does not hesitate to adopt a revolutionary attitude toward word and syntax, going even so far as to invent a hermetic language, if necessary.*
9. *Poetry builds a nexus between the "I" and the "you" by leading the emotions of the sunken, telluric depths upward toward the illumination of a collective reality and a totalistic universe.*
10. *The synthesis of a true collectivism is made possible by a community of spirits who aim at the construction of a new mythological reality.*

— MANIFESTE PUBLIÉ DANS LA REVUE *TRANSITION*, ÉD. EUGÈNE JOLAS, 1932

Ce texte résout la translation de l'élément architectural en tant qu'entité poétique. Retenons : (1) le rejet catégorique du positivisme, du progressisme, du conformisme [position *critique*]; (2) l'universalité de certaines expériences-limites [le *sublime*]; (3) la nécessité de la dissolution du « je » [l'*acteur* plutôt que l'*auteur*]; (4) l'élaboration d'une mythologie collective afin de cimenter la cohésion soci(ét)ale [la *polis*].

Que Beckett ait signé ce manifeste est significatif. Sa poésie, à laquelle on reproche souvent d'être hermétique et difficile, représente un condensé, souvent autobiographique, qui tend à « donner le plus grand nombre possible d'informations sur sa situation dans l'espace le plus petit possible [13] ». Son érudition masque et révèle à la fois sa timidité, une forme de pudeur qui s'enveloppe dans les profondeurs de l'expression ; en effet, d'après lui, l'honnêteté (artistique) est « allusive plutôt que discursive, elle n'est pas droite, mais tangente [14] ». Par-delà ce masque, elle est aussi l'instrument provocant de la satire, de la raillerie, d'un humour rhétorique, ironique, spirituel (1'). Solitude, résidus et mort se côtoient dans un lyrisme minimaliste (2'). Dans sa poésie de même que dans sa prose, la dissolution de la langue et du sens va de pair avec celle de l'individu (3'). L'œuvre *elle-même* devient mythe (4').

Mais alors comment poétiser la cité ?

Pas question de rédiger ici un traité de prosodie, une autre théorie (post)structuraliste (*linguistique* [Todorov], *sémiotique* [Jencks], *signalétique* [Virilio]); c'est-à-dire les paramètres d'une nouvelle grammaire que l'œil devra savoir lire et interpréter. Pour travailler à l'élaboration d'une *poétique* (du grec *poiesis* « créer ») architecturale, j'invoque plutôt les affects et les puissances, c'est-à-dire l'ensemble des possibles au-delà des canons de la raison. Selon la philosophie aristotélicienne [15], poétique, rhétorique et politique sont étroitement liées, elles ont en commun la notion clef de *catharsis* – un moyen de convertir les passions, de *sublimer* les pulsions. Il n'y a plus qu'un pas vers la tragédie. Et le théâtre de ces élans de l'âme, c'est bien la ville. C'est en ces termes qu'il faudrait repenser le territoire et l'espace urbain, puisqu'il met en rapport le temps et des intensités à travers l'espace. L'architecture ne serait alors plus seulement une affaire de construction, d'arrangement, de composition, mais une véritable dramaturgie empruntant ses éléments à la tragédie : musicalité et rythme, occurrences, concurrences et coïncidences, accents, inflexions ou tensions... Un dialogue vertigineux du vide et de la vie. Je rêve d'une ville qui serait à la fois chant, silence et cri.

*

Le terme même de *dramaturgie* est éloquent puisqu'étant issu du grec *drama* il signifie « action ». D'après Aristote la forme dramatique (comme la forme épique) est un instrument permettant de représenter les actions humaines et d'en avoir une expérience distanciée, fictive et épurée (c'est l'un des sens de la *catharsis*). L'œuvre dramatique fournit un modèle d'intelligibilité de ce qui échappe à la maîtrise et au sens, parce que les événements réels suscitent des affects trop puissants – la pitié et la crainte par exemple – et exigent des réactions trop immédiates. Elle a sur l'épopée les avantages de la densité et de la concision, et elle fait saisir d'un seul coup d'œil la totalité et la cohérence d'une aventure humaine. La forme dramatique propose donc des actions complètes et compréhensibles. Les faits sont agencés de telle manière qu'ils semblent logiquement liés entre eux (la nécessité) et qu'ils paraissent obéir aux lois régissant ordinairement la réalité (la vraisemblance). Au cours de l'histoire du genre, cet instrument de rationalité et de maîtrise a subi toutes sortes de métamorphoses. Car la forme dramatique peut aussi être un instrument de déstabilisation. Elle a pu renverser les valeurs, bouleverser les certitudes,

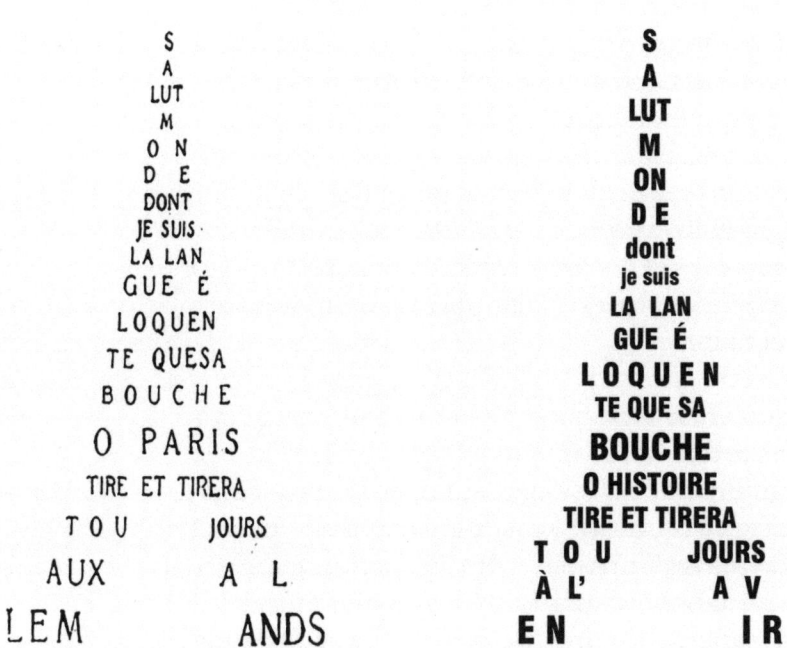

FIG. 5   GUILLAUME APOLLINAIRE, *CALLIGRAMMES,*
POÈMES DE LA PAIX ET DE LA GUERRE 1913–1916, 1918 ;
MADE IN, *CALLIGRAMME,* 2005

semer le trouble – et pour cela, elle a souvent inversé, dépassé ou perverti les normes imposées par la poétique aristotélicienne et par la doctrine classique qui s'en réclamait.

Aristote forge aussi l'expression « en acte » pour distinguer le réel du virtuel, ce qui *est* effectivement de ce qui n'existe encore qu'*en puissance* : ce qui est *en acte* désigne tant ce qui est en cours d'accomplissement (*energeia* : qui est en plein travail) que ce qui est pleinement réalisé (*entelechia* : qui séjourne dans sa fin), les deux sens étant convergents (et se partageant la traduction latine *actus*). Qu'on s'efforce d'élaborer les codes d'une dramaturgie plutôt qu'une planification, d'une rhétorique architecturale plutôt qu'une grammaire, de la transposition de potentiels en actions, de désirs en réalisations. Si, par essence, les désirs sont *en puissance* et les architectures *en actes* ; il s'agit de déterminer les règles d'une poétique capable de franchir cet abîme.

Considérant (1) le *mot*, qui est à la fois son, image et affects ; (2) le *vers* (rime ou prose), qui annihile et exalte simultanément (le sujet, le sens) ; (3) la *poétique*, qui mythifie et sublime : l'analogie n'est-elle pas évidente ? Ces rapports entre les *élément* et *séquence* qui l'inscrit dans le temps, entre les *parties* et leur *somme*, qui dépasse le tout, ne sont-ils pas communs à la conception architecturale ? Mais alors comment cristalliser l'immatériel, modeler l'informe ? Comment figer des forces vives en matière inerte ?

> *L'homme, ainsi déchiré, cherche en vain cette forme qui lui donnerait les limites entre lesquelles il serait roi. Qu'une seule chose vivante ait sa forme en ce monde et il sera réconcilié !* — ALBERT CAMUS, *L'HOMME RÉVOLTÉ*, 1951

⁎

Le ralliement de Beckett l'Épuisé à ce manifeste exalté peut surprendre, mais rappelons qu'il a lui-même enseigné le symbolisme à Trinity College ; une tendance qui lui permet de masquer encore sa pudeur en exprimant des souffrances intimes au moyen d'images mystérieuses. Il cherche à construire une œuvre qui lui serait propre, titubant entre les repoussoirs qu'incarnent Eugène Jolas et James Joyce : le mysticisme orphique d'une part, l'exubérance verbale d'autre part. L'éloge de ces forces poétiques lui permet de se distancer de l'ascendance magnétique de Joyce, dont le génie expérimental du verbe reste inégalé. *Ulysse*, déjà, enfreignait les règles du roman, *Finnegans Wake* ira jusqu'à dépasser les limites du langage, jusqu'à transgresser même le seuil de la communicabilité. Il faudra dix-sept années de gestation à cette poétique inédite, dont les principes opératifs ne cessent de se redéfinir au gré de la progression de l'œuvre qui devient « la poétique d'elle-même ». *Ulysse* était l'histoire d'une journée, *Finnegans Wake* sera celle d'une nuit :

> *En écrivant sur la nuit, je ne pouvais vraiment pas, je sentais que je ne pouvais pas, employer les mots dans leurs rapports ordinaires. Utilisés ainsi, ils n'expriment pas comment les choses se manifestent la nuit, aux différents stades – conscient, puis semi-conscient, enfin inconscient. Il m'est apparu qu'il n'était pas possible d'user des mots selon leurs relations et connexions ordinaires. Au matin, bien sûr, tout redevient clair.*
> — JOYCE EN CONVERSATION AVEC L'AUTEUR MAX EASTMAN, PARU DANS « POETS TALKING TO THEMSELVES », HARPER'S MAGAZINE, 163, N° 977, 1931 [TRADUCTION LIBRE]

L'œuvre est construite comme un rêve, dont la logique est celle de l'illogique, de la confusion, de la discontinuité et de la juxtaposition. Les identités et les mémoires de ses personnages sont confuses et interverties, il en est de même pour les mots :

> *Dès le début, Finnegans Wake annonce ce qu'il sera – une épopée nocturne d'ambiguïtés et de métamorphoses, le mythe d'une mort et d'une renaissance universelle où chaque figure et chaque œuvre se substituent à toutes les autres. Ce sera une épopée sans divisions claires entre les événements, afin que chacun puisse impliquer les autres pour former une unité élémentaire n'excluant pas la collision et l'opposition entre les contraires.* — UMBERTO ECO, THE AESTHETICS OF CHAOSMOS, THE MIDDLE AGES OF JAMES JOYCE, 1989 [TRADUCTION LIBRE]

On retrouve donc une poétique à la fois définie par la violence des ruptures (qui scindent et annihilent les rapports, le sens) et napée de douceur onirique (qui relie et délie avec une relativité tout élastique). L'usage intensif de l'italique soutient la continuité lyrique (logorrhéique) du récit :

> *Her untitled mamafesta memorialising the Mosthighest has gone by many names at disjointed times. Thus we hear of, The Augusta Angustissimost for Old Seabeastius' Salvation, Rockabill Booby in the Wave Trough, Here's to the Relicts of All Decencies, Anna Stessa's Rise to Notice, Knickle Down Duddy Gunne and Arishe Sir Cannon, My Golden One and My Selver Wedding, Amoury Treestam and Icy Siseule, Saith a Sawyer til a Strame, Ik dik dopedope et tu mihimihi, Buy Birthplate for a Bite, Which of your Hesterdays Mean Ye to Morra? Hoebegunne the Hebrewer Hit Waterman the Brayned, Arcs in His Ceiling Flee Chinx on the Flur, Rebus de Hibernicis, The Crazier Letters, Groans of a Britoness, Peter Peopler Picked a Plot to Pitch his Poppolin, An Apology for a Big (some such nonoun as Husband or husboat or hosebound is probably understood for we have also the pluterplethoric*

My Hoonsbood Hansbaad's a Journey to Porthergill gone and He Never Has the Hour), Ought We To Visit Him? For Ark see Zoo, Cleopater's Nedlework Ficturing Aldborougham on the Sahara with the Coombing of the Cammels and the Parlourmaids of Aegypt, Cock in the Pot for Father, Placeat Vestrae, A New Cure for an Old Clap, Where Portentos they'd Grow Gonder how I'd Wish I Woose a Geese; Gettle Nettie, Thrust him not, When the Myrtles of Venice Played to Bloccus's Line, To Plenge Me High He Waives Chiltern on Friends, Oremunds Queue Visits Amen Mart, E'en Tho' I Granny a-be He would Fain Me Cuddle, Twenty of Chambers, Weighty Ten Beds and a Wan Ceteroom, I Led the Life, Through the Boxer Coxer Rising in the House with the Golden Stairs, The Following Fork, He's my O'Jerusalem and I'm his Po, The Best in the West, By the Stream of Zemzem under Zigzag Hill, The Man That Made His Mother in the Marlborry Train, Try Our Taal on a Taub, The Log of Anny to the Base All, Nopper Tipped a Nappiwenk to his Notylytl Dantsigirls, Prszss Orel Orel the King of Orlbrdsz, Intimier Minnelisp of an Extorreor Monolothe, Drink to Him, My Juckey, and Dhoult Bemine Thy Winnowing Sheet, I Ask You to Believe I was his Mistress, He Can Explain, From Victrolia Nuancee to Allbart Noahnsy, Da's a Daisy so Guimea your Handsel too, What Barbaras Done to a Barrel Organ Before the Rank, Tank and Bonnbtail, Huskvy Admortal, What Jumbo made to Jalice and what Anisette to Him, Ophelia's Culpreints, Hear Hubty Hublin, My Old Dansh, I am Older northe Rogues among Whisht I Slips and He Calls Me his Dual of Ayessha, Suppotes a Ventriliquorst Merries a Corpse, Lapps for Finns This Funnycoon's Week, How the Buckling Shut at Rush in January, Look to the Lady, From the Rise of the Dudge Pupublick to the Fall of the Potstille, Of the Two Ways of Opening the Mouth, I have not Stopped Water Where It Should Flow and I Know the Twentynine Names of Attraente, The Tortor of Tory Island Traits Galasia like his Milchcow, From Abbeygate to Crowalley Through a Lift in the Lude, Smocks for Their Graces and Me Aunt for Them Clodshoppers, How to Pull a Good Horuscoup even when Oldsire is Dead to the World, Inn the Gleam of Waherlow, Fathe He's Sukceded to My Esperations, Thee Steps Forward, Two Stops Back, My Skin Appeals to Three Senses and My Curly Lips Demand Columbkisses; Gage Street on a Crany's Savings, Them Lads made a Trion of Battlewatchers and They Totties a Doeit of Deers, In My Lord's Bed by One Whore Went Through It, Mum It is All Over, Cowpoyride by Twelve Acre Terriss in the Unique Estates of Amessican, He Gave me a Thou so I serve Him with Thee, Of all the Wide Torsos in all the Wild Glen, O'Donogh, White Donogh, He's Hue to Me Cry, I'm the Stitch in his Baskside You'd be Nought Without Mom, To Keep the Huskies off the Hustings and Picture Pets from Lifting Shops, Norsker Torsker Find the Poddle, He Perssed Me Here with the Ardour of a Tonnoburkes, A Boob Was Weeping This Mower was Reaping, O'Loughlin, Up from the Pit of my Stomach I Swish you the White of the Mourning, Inglo–Andeen Medoleys from Tommany Moohr, The Great Polynesional Entertrainer Exhibits Ballantine Brautchers with the Link of Natures, The Mimic of Meg Neg end the Mackeys, Entered as the Lastest Pigtarial and My Pooridiocal at Stitchioner's Hall, Siegfield Follies and or a Gentlehomme's Faut Pas, See the First Book of Jealesies Pessim, The Suspended Sen-tence, A Pretty Brick Story for Childsize Heroes, As Lo Our Sleep, I Knew I'd Got it in Me so Thit settles That, Thonderbalt Captain Smeth and La Belle Sauvage Pocahonteuse, Way for Wet Week Welikin's Douchka Marianne, The Last of the Fingallians, It Was Me Egged Him on to the Stork Exchange and Lent my Dutiful Face to His Customs, Chee Chee Cheels on their China Miction,

Pickedmeup Peters, Lumptytumpty had a Big Fall, Pimpimp Pimpimp, Measly Ventures of Two Lice and the Fall of Fruit, The Fokes Family Interior, If my Spreadeagles Wasn't so Tight I'd Loosen my Cursits on that Bunch of Maggiestraps, Allolosha Popofetts and Howke Cotchme Eye, Seen Aples and Thin Dyed, i big U to Beleaves from Love and Mother, Fine's Fault was no Felon, Exat Delvin Renter Life, The Flash that Flies from Vuggy's Eyes has Set Me Hair On Fire, His is the House that Malt Made, Divine Views from Back to the Front, Abe to Sare Stood Icyk Neuter till Brahm Taulked Him Common Sex, A Nibble at Eve Will That Bowal Relieve, Allfor Guineas, Sounds and Compliments Libidous, Seven Wives Awake Aweek, Airy Ann and Berber Blut, Amy Licks Porter While Huffy Chops Eads, Abbrace of Umbellas or a Tripple of Caines, Buttbutterbust, From the Manorlord Hoved to the Misses O'Mollies and from the Dames to their Sames, Many-festoons for the Colleagues on the Green, An Outstanding Back and an Excellent Halfcentre if Called on, As Tree is Quick and Stone is White So ts My Washing Done by Night, First and Last Only True Account au about the Honorary Mirsu Earwicker, L.S.D., and the Snake (Nuggets!) by a Woman of the World who only can Tell Naked Truths about a Dear Man and all his Conspirators how they all Tried to Fall him Putting it all around Lucalizod about Privates Earwicker and a Pair of Sloppy Sluts plainly Showing all the Unmentionability falsely Accusing about the Raincoats. — JAMES JOYCE, *FINNEGANS WAKE*, PART I, ÉPISODE V, 1939

Des pages entières noircies d'énumérations aussi prodigieuses qu'hermétiques. L'inclinaison des caractères entraîne irrémédiablement dans cette litanie extraordinaire, ce râle qui nous attire vers les profondeurs du langage et de la conscience. La capitalisation excessive rythme la chute alors même que la récurrence des rondeurs aériennes *C, D, O, Q, U* nous maintient à la surface. Les cinq phonèmes cardinaux d'une langue inédite[16] ?

Le bégaiement de la recherche poétique, du symbolisme de Stéphane Mallarmé à l'automatisme mimique et libre de Henri Michaux, révèle l'aspiration commune des nombreux poètes qui s'attelèrent à la redéfinition du langage. Sondant le fond, s'attaquant à la forme, ces équilibristes de l'abîme sont en quête d'absolu – de véritables acrobates du verbe contorsionnés entre universalité et singularité. On ne peut taire l'influence majeure de la poétique rimbaldienne : langage cru, passions violentes et accès visionnaires.

C'est dans l'héritage du coup de dés – cette constellation qui affleure et se dissipe à la fois, qui fait du vide une présence, des arrêts fragmentaires un soupir, un hiatus qui invite le lecteur à sortir du texte un instant, à se charger d'images et du monde avant d'y revenir – que s'inscrit la poétique de René Char[17] : celle d'une parole vive, pure, brûlante et résistante. Selon lui, sa poésie se suffit à elle-même[18] :

> *L'une de [ses] grandeurs, celle par laquelle il n'a pas d'égal en ce temps, c'est que sa poésie est révélation de la poésie, poésie de la poésie. [...] l'expression poétique est la poésie mise en face d'elle-même et rendue visible, dans son essence, à travers les mots qui la recherchent.* — MAURICE BLANCHOT, LA PART DU FEU, 1949

Blanchot rend ainsi hommage à ce contemporain de Joyce qui trouve son expression privilégiée dans le vers aphoristique, le fragment en prose, ce que Char nomme sa « parole en archipel ». Le titre de son recueil *Recherche de la base et du sommet* a « quelque chose de mathématique en même temps qu'existentiel, la précision nourrissant ici la quête de repères essentiels[19] ». Le vide qu'il manifeste, c'est celui de la liberté. Tout comme Céline, Char a pris les armes. Son refus de s'affilier à un parti après la guerre tient de la résistance – non sans rappeler l'attitude du Bartleby de Melville – celle d'une indépendance radicale.

Si je m'attarde sur la poésie, c'est pour démontrer que les glissements du langage et les hoquets poétiques nous révèlent un processus plus subtil et nuancé que celui suggéré par la potence ou la guillotine. La poésie introduit la notion de *lobotomie*, c'est-à-dire « la section chirurgicale de la substance blanche d'un lobe cérébral [...] ayant pour objet d'interrompre certains circuits neuroniques[20] ». Une excision précise et sélective visant à l'origine à manipuler la personnalité, le plus souvent pour guérir les troubles névrotiques ou mélancoliques. La violence assassine se focalise sur les organes de la conscience, de la pensée, de la raison ; sans aller jusqu'à supprimer le sujet. C'est un processus soustractif intérieur au corps, dont l'intégrité des parties est maintenue, mais qui se voient privées de la capacité à communiquer entre elles. Les blancs laissés par ce prélèvement suspendent la pensée dans un vide vertigineux. De même que le désir incarne la force productrice qui transpose les puissances en actes, l'archipel de paroles devient l'image du « corps-sans-organes (CsO) » introduit bien plus tard par Gilles Deleuze et Félix Guattari[21].

La parole de fragment « apparaît dans sa brisure, avec ses arêtes tranchantes[22] », comme une énigme à laquelle serait suspendue toute notre vie : face à l'œuvre poétique, « nous ne sommes plus, dans cette œuvre, pliés et passifs, nous sommes aux prises avec notre mystère, produisant pour demain ce que demain attend[23] ». Percevoir le monde comme une énigme ouvre la voie à l'accession d'une forme plus élevée de lucidité : ne plus accepter passivement une réalité dont l'évidence est aussi politique. Le poète donne à voir au-delà de la superficie des choses mais la liberté individuelle est essentielle ; un rapport dialectique d'interprétation autonome et d'expérimentation

FIG. 6 DOWNTOWN ATHLETIC CLUB
(STARETT & VAN VLECK, 1929–1930),
W19 WEST STREET, NEW YORK, 1959

réciproque s'établit entre auteur et lecteur. L'énigme laisse des empreintes dont le sillage apparaît « lors d'une traversée signalée par la récurrence de certaines images ou de certains mots, dont la charge poétique s'accroît avec chaque fragment à l'élaboration duquel participent poète et lecteur, car cette présence commune est un travail continu, pour faire mais tout autant refaire le texte, dans une entente et un partage[24] ».

*

La pratique de la lobotomie avait déjà été introduite dans le discours architectural par Koolhaas[25] et ce n'est pas un hasard s'il cite Giambattista Vico à l'ouverture – celui-là même dont la *Scienza nuova* (*La Science nouvelle*, 1725) fut l'influence majeure à l'origine de la composition de *Finnegans Wake*.

Vico avait élaboré une histoire de la société civile proposant une théorie de la civilisation basée sur des cycles récursifs de croissance et de décadence. Chaque cycle comporte trois âges – divin, héroïque, humain – et est caractérisé par un trope linguistique spécifique. Bien que Joyce n'applique pas systématiquement les idées énoncées par Vico, la division quadripartite de *Finnegans Wake* reflète les trois âges suivis par un *ricorso*, un retour à l'origine. Et justement : « Manhattan est l'arène où se joue le dernier acte du monde occidental[26]. »

New York Délire est un « manifeste rétroactif », une interprétation de la théorie informulée, sous-jacente au développement de Manhattan dès le milieu du XIXe siècle ; c'est le récit des intrigues d'un urbanisme qui, des origines à Coney Island jusqu'aux théoriciens du gratte-ciel, a fait éclater la grille d'origine. Avec l'explosion démographique et l'invasion des nouvelles technologies, l'île est devenue le laboratoire d'une nouvelle culture dont la tour est l'instrument par excellence – celle de la congestion. Son apothéose serait incarnée par le Downtown Athletic Club, opposant à la jungle financière de Wall Street un large éventail de programmes complémentaires ostensiblement liés au culte du corps. La tour devient le catalyseur d'une civilisation hyper-raffinée d'hédonisme athlétique. L'homme ordinaire est propulsé à travers des strates successives dans un processus de maturation artificielle, afin de suppléer aux lacunes de l'évolution. Tout tend à subvenir aux désirs du corps et à soulager les citoyens de leur existence exténuante, une dialectique entre oblitération et préservation. Un incubateur au cœur de la presqu'île mythique où se réalise l'inconscient collectif d'un nouveau mode de vie métropolitain, une fabrique de l'artificiel où réel et naturel cessent d'exister. « Avec le Downtown Athletic Club, le gratte-ciel est utilisé comme un condensateur social constructiviste : une machine à engendrer et à intensifier les modes de rapports humains les plus désirables[27]. » Un hymne à l'instabilité inhérente à la Métropole, et à la ferveur du renoncement de ceux qui l'habitent, de l'exaltation physique à l'aliénation cathartique.

Mais en se référant à Vico, Duchamp, Dalí… qu'invoque Koolhaas exactement ? Une philosophie de l'histoire caractérisée par la discontinuité de la pensée, car c'est précisément dans sa rétroactivité que ce manifeste puise sa force. C'est l'illustration des rapports entre un univers mutant et la seule architecture qu'il ne puisse produire ; et si l'architecture génère la culture…

**

30 juin 2022

Ce que cette lobotomie amorce, c'est l'évanouissement du corps architectural au profit de l'exaltation de la base

FIG. 7   GEORGES PEREC, *LA VIE MODE D'EMPLOI*, 1978

et du sommet. Des hauteurs célestes aux bas-fonds, on en revient à la dichotomie proverbiale. Ce modèle théosophique et moralisateur (le haut, les cieux = le bien ; le bas, les enfers = le mal) se décline à l'infini, aussi bien dans l'histoire (médiévale en particulier) que dans les contes (moraux ou moralisateurs). D'un côté : le cachot, les catacombes, les bas-fonds ; de l'autre : le balcon, la tour d'ivoire, le nid d'aigle. Des pôles qui sans cesse se repoussent, mais demeurent irrémédiablement liés par un magnétisme puissant – celui du pouvoir. Il semble croître proportionnellement au gain d'altitude : c'est la force du regard. Son champ et son amplitude augmentent à mesure que l'œil s'élève selon les simples lois de la géométrie et de la perspective. Mallarmé, déjà, avouait son affinité pour la dissimulation. Aux ténèbres, il préférait les nébuleuses : la brume couvre le monde d'un voile d'ombre complice et salutaire :

> *Dieu ne nous voit pas ici, son espion le soleil n'ose y ramper.* — STÉPHANE MALLARMÉ, *CORRESPONDANCE COMPLÈTE (1862–1871)*, 2012

Le soleil, ce traitre espion vers lequel vont mourir toutes les lignes de fuite, c'est le symbole de la monarchie qui voit – c'est-à-dire domine – tout. La révolution et la guillotine complice réformeront progressivement le système. Il faudra attendre Victor Hugo pour que cet ordre soit formellement remis en question dans l'imaginaire, les mœurs, et la littérature. Pour lui, le sublime est *en bas*. Il opère une indifférenciation radicale entre le laid et le beau, l'horrible et le sublime. Un principe tant esthétique que politique. La quête d'un idéal moral et les aspirations d'absolu ne sont donc plus incompatibles avec les souterrains. Dostoïevski, lui, leur donnera une dimension métaphysique et métaphorique :

> *Il avait un esprit souterrain, toujours agitant d'obscurs problèmes, toujours sondant les ténèbres*

de sa pensée, toujours creusant plus avant et plus profond dans les mystères de sa conscience. — FIODOR DOSTOÏEVSKI, *L'ESPRIT SOUTERRAIN*, 1928

Deux auteurs qui nous révèlent que, quelles que soient les structures du pouvoir, les architectures qui l'incarnent, les hauteurs qu'il atteint, une valeur essentielle demeure insoumise. De Sade à Dumas, des frères Grimm à Ballard, de Bataille à Burroughs : la liberté est souveraine.

**

5 juillet 2022

La fin de l'ancien régime et la destitution du monarque de droit divin, c'est aussi par défaut la rupture entre l'Église et l'État et ainsi la désacralisation des cieux et des astres. La révolution française, en mettant fin à la société d'ordres et aux anciens privilèges, pérennise les principes révolutionnaires de *liberté*, d'*égalité* et de *fraternité*. Robespierre et les balbutiements de la République. Inutile de retracer toute l'histoire du vieux continent : je cherche seulement à déterminer quelles circonstances devaient être réunies pour que la tour comme projet architectural fasse son apparition. Aurait-elle pu voir le jour en Europe ?

Les échos de la révolution ne connaissent pas de frontière : la première République ouvre la voie à un XIXe siècle marqué par le *progrès* : social, technique, industriel. L'œuvre de Jules Verne évoque merveilleusement les avancées scientifiques de l'époque et leur portée territoriale. Les voyages extraordinaires ne se cantonnent plus à la surface de la terre, ils s'étendent aussi bien à l'espace qu'aux profondeurs. La « suprématie de la verticale[28] » est amorcée : si les cieux ne sont plus habités, ils restent à conquérir. Mais bien que la curiosité soit le moteur du progrès, l'Europe se débat contre son histoire, son patrimoine, ses blessures, ses traumas, ses contradictions. Le présent manque d'élan et s'enlise : il est sans cesse aux prises avec le passé.

À l'est de l'Atlantique, l'avenir tarde à se pointer.

*
* *

11 juillet 2022

Dès que je me retrouve sur la terrasse, au bord du lac et de Michigan Avenue qui file à perte de vue au long de mon regard, une inquiétude me prend, qui touche à l'angoisse. J'aime la ligne dure des gratte-ciel, ils sont plus massifs qu'à New York, et plus purs. Pas de fenêtre Renaissance, pas de clocher gothique. Ils ont été construits à une époque où le gratte-ciel avait gagné la partie et n'avait plus besoin de se faire excuser. Je descends Michigan Avenue, où souffle un vent glacé ; j'erre dans les rues de downtown qu'on appelle ici le loop *; je suis heureuse de me retrouver dans une ville qui semble une capitale et non, indéfiniment multipliée, une bourgade.*

Mais que pourrais-je en saisir ?

Chicago.

Le seul nom me fascine.

— SIMONE DE BEAUVOIR, *L'AMÉRIQUE AU JOUR LE JOUR*, 1948

Si l'Europe est freinée par ses luttes intérieures, le nouveau continent jouit d'une tout autre condition. Il n'en est encore qu'à l'enfance, ce qui en fera le terreau idéal de la modernité. Et s'il semble que la tour existe depuis toujours, l'histoire de l'invention des gratte-ciel est, elle, étroitement liée à celle de l'invention des États-Unis comme puissance politique, économique et culturelle.

Par définition, la tour se caractérise par son aspect, son rapport de proportion entre la base et sa hauteur. Une figure élancée qui tend à s'étirer le plus haut possible – le plus souvent pour des raisons fonctionnelles, symboliques ou utilitaires : la signification ésotérique du menhir (anthropomorphe ou non, christianisé ou non) ou la stèle funéraire, la portée stratégique du donjon et du beffroi, la résonnance mystique du clocher ou du phare... Mais la tour au sens contemporain incarne avant tout la formidable accélération de la Modernité au XXe siècle, dont les conséquences sont aujourd'hui encore âprement discutées. Elle révèle un précieux potentiel de rentabilisation de l'espace (en offrant une surface au sol nettement plus grande que la superficie qu'elle occupe) de même que la possibilité de superposer plusieurs activités. Ce sont les promesses du gratte-ciel, un type distinct de *tour* qui se distingue par sa hauteur supérieure : il s'agit de quelque chose de véritablement singulier, d'unique ; alors que la tour au sens large est un objet de répétition.

Si des proto-gratte-ciel voient le jour dès les années 1850 à Chicago, c'est en 1885 qu'est inauguré le *Home Insurance Building* : avec ses 42 mètres de hauteur (portés à 55 avec l'ajout de deux étages en 1890), l'immeuble est généralement reconnu comme premier gratte-ciel de l'histoire de l'architecture. Il sera démoli en 1931, l'année même où l'Empire State Building est inauguré à New York : il culmine à 381 mètres de hauteur et restera le plus haut immeuble du monde pendant plus de trois décennies. Entre ces deux dates, c'est l'invention et le triomphe d'un modèle architectural américain qui se sont joués. Plusieurs éléments historiques s'y donnent à lire : l'affranchissement vis-à-vis des conventions européennes issues des

Beaux-Arts et la création d'une grammaire esthétique de la modernité, l'effet des innovations industrielles qui rendent possibles de tels édifices (nouveaux matériaux comme l'acier, le fer et le verre, apparition des ascenseurs, des communications téléphoniques…), ainsi que la démonstration de la puissance économique américaine capable d'édifier de telles constructions.

L'urbanisme aussi est déterminant : le plan en damier des villes nouvelles américaines et leurs parcelles clairement déterminées, sans friction, sans négociation avec l'existant ou des typologies plus basses, offre une *terra nullius*[29] qu'il s'agit de conquérir. Une dynamique de croissance, de concurrence et de rivalité entres les commanditaires qui est le fondement même de l'économie américaine. Et le génie de la trame orthogonale est que cette rivalité ne connaît aucun frein puisqu'elle n'empêche pas le fonctionnement global de la ville.

Les gratte-ciel sont à l'origine des immeubles de bureaux exclusivement. Liés au capitalisme et son fonctionnement en réseau et à la nécessité de stocker et communiquer de gigantesques quantités d'informations : il s'agit de réaliser des constructions les plus fonctionnelles possibles afin de ne pas entraver le flux de données. Il existe au départ une véritable corrélation entre les dimensions des immeubles, la quantité de données à traiter, les distances à enjamber, et conséquemment la puissance de la société mandataire. Ces investissements considérés au départ comme éphémères se font le reflet d'une pensée pragmatique, qui a recours à des symboles très forts (répertoire stylistique, iconographie de pouvoir, etc.). Il s'agit donc bien d'une invention *authentiquement américaine*.

Celle-ci marque une volonté affirmée d'émancipation de l'occident, tout en ne semblant pas parvenir à trouver de style propre. Si l'influence majeure de l'enseignement des Beaux-Arts est indéniable – de son style international, puis du néo-gothique en référence à la cathédrale (*Cathedral of Commerce,* tel que fut surnommé le Woolworth Building), ou encore des Arts déco qui dépassent largement le domaine de l'architecture (paquebots transatlantiques, trains, etc. : ils incarnent la *nouvelle vitesse*, la fin d'un monde et l'avènement de l'avenir) – ces emprunts stylistiques ne sont pas considérés comme des traces résiduelles d'un passé dont il faudrait se débarrasser, mais bien comme l'invocation des richesses de l'architecture et ses codes. L'Amérique est d'ailleurs si peu complexée par son rapport à l'histoire qu'elle deviendra le berceau du postmodernisme. Citons tout de même Louis H. Sullivan qui se distinguera par la création d'un style ornemental original, dont les entrelacs végétaux et les arabesques donnent à la matière inerte l'expression de la vitalité de la Nature. L'arrivée dans les années trente du fugitif Mies Van der Rohe sera elle aussi cruciale.

*

Mais qu'en est-il outre-Atlantique, dans l'Europe d'après-guerre ? Pourquoi le désir ardent d'un retour en arrière se fait-il sentir, après avoir tant souhaité – et réalisé – la Modernité ? Aujourd'hui encore, dans le monde entier, la surenchère des constructions en hauteur (de la tour soviétique Ostankino au Burj Khalifa aujourd'hui en passant par la construction de La Défense) signe la volonté de se situer à l'égard de l'influence américaine (y compris pour la surpasser). Et c'est aussi sur ce modèle que fleuriront les critiques de l'idéologie rationalisante associée aux gratte-ciel et à l'architecture moderne : qu'elle soit formulée par Jacques Tati dans *Playtime* (1967) ou par Robert Venturi, Denise Scott Brown et Steven Izenour posant les fondements du postmodernisme architectural dans *L'Enseignement de Las Vegas* (*Learning from Las Vegas,* 1972). Le retour des gratte-ciel – emblèmes d'une idée américaine moderne de l'architecture – et des polémiques qui les accompagnent (en particulier à Paris, après trente ans d'interdiction) montre que leur histoire est encore la nôtre.

A-t-on d'ailleurs jamais retenu, depuis l'avènement du gratte-ciel (tant dans nos villes que dans la fiction), un quelconque malfaiteur contemporain ou une bande de scélérats dont le quartier général ne serait pas au sommet d'une tour de verre, en princes de la modernité surplombant la ville soumise ? Voici l'ère de la transparence, de l'hypocrisie.

*

L'accélération du monde liée à l'avènement universel de la modernité préoccupa l'architecte et philosophe Paul Virilio jusqu'à sa mort, et lui inspira les néologismes *dromologie* (le drame de la vitesse qui s'est approprié le monde et le politique, et ses effets sur notre existence) et *dromocratie* (corrélation entre vitesse, pouvoir et argent : ce sont ceux qui possèdent la vitesse qui gouvernent dorénavant). Dès ses premiers ouvrages – *Bunker Archéologie* (1975) puis *Vitesse et Politique* (1977) – transparaît son sens aigu de la désynchronisation progressive de l'homme et son environnement, de son rapport changé à l'espace, de sa lecture du monde transformée depuis l'ère industrielle (révolution des transports, de la production). Il est un ennemi virulent de la vitesse technique, synonyme de course vers la fin, d'ubiquité atomisée, de guerre, de violence, avec leur lot de destruction, de lassitude, d'épuisement... Il énonce un concept philosophique qui reconsidère et actualise le temps : la vitesse a fait de l'accident l'horizon de notre époque, jusqu'à la catastrophe. Nous sommes au bord de l'eschatologie, face à la finitude du temps, à la possibilité inédite de mettre fin à notre monde. L'accident moderne est archétypal de la modernité, il n'est plus dû au hasard, il est systémique et régulier, il représente l'envers de la science puisque la preuve du progrès, c'est l'accident qu'il entraîne. Reprenant la formule d'Hannah Arendt selon laquelle « la catastrophe et le progrès sont l'avers et le revers d'une même médaille[30] », Virilio déclare ainsi : « La qualité du progrès nous amène à une qualité d'accident insupportable[31]. »

Puisque l'accident n'est plus imprévisible, mais nécessaire et attendu, puisqu'il n'évoque plus exclusivement la fin mais aussi conjointement le début de l'époque suivante... Virilio nous suggère que l'accident pourrait être lui-même une ressource, si l'on se focalise moins sur l'événement lui-même que sur la révélation qu'il engendre[32].

Mais alors, *comment* concevoir une ville, des architectures, à partir de cette finitude ? *Comment* faire de l'accident une ressource pour habiter le monde ? Et qu'en est-il de la tour comme question géopolitique ? Si elle n'est que le symptôme de l'accélération socio-économique du XXe siècle, de la grande Terreur et du Trauma du XXIe siècle[33], le reflet de l'insularité croissante, de l'individualisme de masse et de la raréfaction des ressources qui sont le mal de notre siècle – quel avenir lui reste-t-il ?

Virilio était catégorique :

> [...] *il faut une troisième dimension à l'urbanisme ; certainement pas la verticale, qui est en rupture avec le tissu urbain.* — PAUL VIRILIO, ARCHIVE DE PAUL VIRILIO, *ÉMISSION LIVRE D'OR*, INA, 2003

Sa crainte était que le temps, éreinté par l'envers et l'endroit de la modernité, ne soit plus habitable pour l'humain : que toute possibilité de vivre, faire, créer... soit épuisée, que l'élan vital (en civilisation, en éthique) soit plombé par cette irréversibilité tragique. Selon lui, nous sommes « encore dans l'événement Tchernobyl[34] » – mais la possibilité de rupture offerte par la verticale n'implique-t-elle pas justement un potentiel de renouveau ? Ne s'agirait-il pas enfin d'embrasser les remous entropiques du temps et leur infatigable dynamique ? Cette lecture de l'accident révélateur d'une finitude n'offre-t-elle pas une manière singulière d'entrevoir l'avenir de nos villes, prolongeant l'architecture dans une approche essentiellement phénoménologique ? Et une rupture n'est-elle pas aussi un soupir, un vide d'anticipation, une syncope rythmique – un souffle salutaire ?

∗
∗

Janvier 2023

Ce glissement progressif et irréversible que dénonce Virilio, c'est le recul du temps, la retraite du grand progrès. Il décrit l'aboutissement de millénaires d'évolution de la perception et de hiérarchisation de l'espace menant à sa déchéance.

Dans le cosmos indifférencié dont l'espace s'étend de toutes parts, une anomalie (qu'on qualifiera librement de divine ou stochastique) entraîne le début de la civilisation. Alors que l'homme primitif avait pour seule perspective l'horizon, un vecteur se démarque du plan uniforme. Du mégalithe à la tour lobotomisée, la verticale reste sémantiquement subordonnée au plan de référence puisqu'elle est encore définie comme la « perpendiculaire à l'horizon[35] ». À la fois arc et tangente, limite et perspective, tant espace et écho que zone d'influence, l'horizon implique tout un milieu phénoménologique : « Horizon : ligne circulaire où la terre et le ciel semblent se rejoindre et qui limite le champ visuel d'une personne [...] ; plur., poét. Espace imaginaire ; rare. Portion de l'espace s'étendant sur une grande profondeur et qui est le lieu de phénomènes sonores perçus [...] ; Domaine, champ dans lequel s'exerce la pensée ou l'action d'une époque, d'un groupe social ou d'un individu, en tant qu'il est limité historiquement et socio-culturellement[36] [...] »

L'émergence de la verticalité comme principe coordinateur est synonyme d'ordre optique : en découle la science géométrique, la perception de l'axe, la symétrie et la séquence. Elle est aussi indissociable de la pensée mythique puisque c'est la ligne du mouvement ascendant-descendant unissant la terre et le ciel. La « suprématie de la verticale » perdure jusqu'à l'époque contemporaine : l'espace naturel et pictural se déploie autour d'un axe capital auquel on se réfère instinctivement. Même la révolution optique du XXe siècle maintient cette prédominance, bien que nuançant cette perception rigoureusement binaire de l'espace :

> *[Picasso et Braque] perforèrent l'espace horizontal perspectif, en supprimant l'organisation du tableau en profondeur, la basculant sur la verticale et la soustrayant au domaine de la vue directe. Cette méthode donna naissance à une transparence et à une intangibilité, annonciatrices d'une nouvelle conception de l'espace. Que la verticalité ait servi d'échafaudage à cette nouvelle structuration de l'espace, indique bien les nombreuses significations que peut prendre cette notion.* — SIGFRIED GIEDION, *L'ÉTERNEL PRÉSENT : LA NAISSANCE DE L'ARCHITECTURE*, 1966

Inutile de citer toute l'histoire de l'art et de la perception. Il s'agit seulement de suggérer que, l'apparition de l'architecture coïncidant avec la naissance de l'axe vertical, elle est à la fois à l'origine de l'épuisement sémantique de l'horizon et de la colonisation des cieux. Mais son inertie intrinsèque ne peut suivre l'accélération drastique, dromologique, du XXIe siècle. C'est l'histoire d'une chute. Régis Debray parle de la « conversion du regard à la terre, c'est-à-dire une désertion du ciel. Et l'abandon des métaphores[37] ». L'évaporation des arrière-mondes mythique ou mythologique projette la vision au premier plan de l'existence. Esthétique, éthique, idéaux politiques, tout fuit désormais vers un horizon déchiré. Un renversement qui entraîne à sa suite un basculement de paradigme urbanistique de l'imaginaire au tangible, de la projection à la spéculation.

L'attraction magique des temps mégalithiques persiste-t-elle encore ici et là ? Joyce sut la pressentir puisqu'il

FIG. 8 PETER MARLOW, *THE FIRST OF FOUR TOWER BLOCKS TO BE DEMOLISHED. TOWER HILL, KIRKBY,* LIVERPOOL, ENGLAND. MAY, 1982

introduit son mythe de la nouvelle modernité par le dialogue entre deux menhirs :

JUTE. — *Yutah!*
MUTT. — *Mukk's pleasured.*
JUTE. — *Are you jeff?*
MUTT. — *Somehards.*
JUTE. — *But you are not jeffmute?*
MUTT. — *Noho. Only an utterer.*
JUTE. — *Whoa? Whoat is the mutter with you?*
MUTT. — *I became a stun a stummer.*
— JAMES JOYCE, FINNEGANS WAKE, 1939

Entre les tiges disparates qui se multiplient à équidistance, aucun dialogue possible. Sceptres de roseau, simulacres de villes. Heinrich Wölfflin avait souligné le lien indissoluble entre la forme spatiale (*Raumform*) et le sentiment de vie (*Lebensgefühl*), accomplissant ainsi le pas qui mène de la forme palpable vers l'interprétation psychique de la forme spatiale[38]. La propagation de tours auréolées de vide et de silence prélude à la fin de la ville. Triste spectacle.

*

C'est ce qui se nomme ici désormais Babel : la loi imposée par le nom de Dieu qui du même coup vous prescrit et vous interdit de traduire en vous montrant et en vous dérobant la limite. Mais ce n'est pas seulement la situation babélienne, pas seulement une scène ou une structure. C'est aussi le statut et l'événement du texte babélien, du texte de la Genèse (texte à cet égard unique) comme texte sacré. Il relève de la loi qu'il raconte et qu'il traduit exemplairement. Il fait la loi dont il parle, et d'abîme en abîme il déconstruit la tour, et chaque tour, les tours en tous genres, selon un rythme. — JACQUES DERRIDA, DES TOURS DE BABEL, 1985

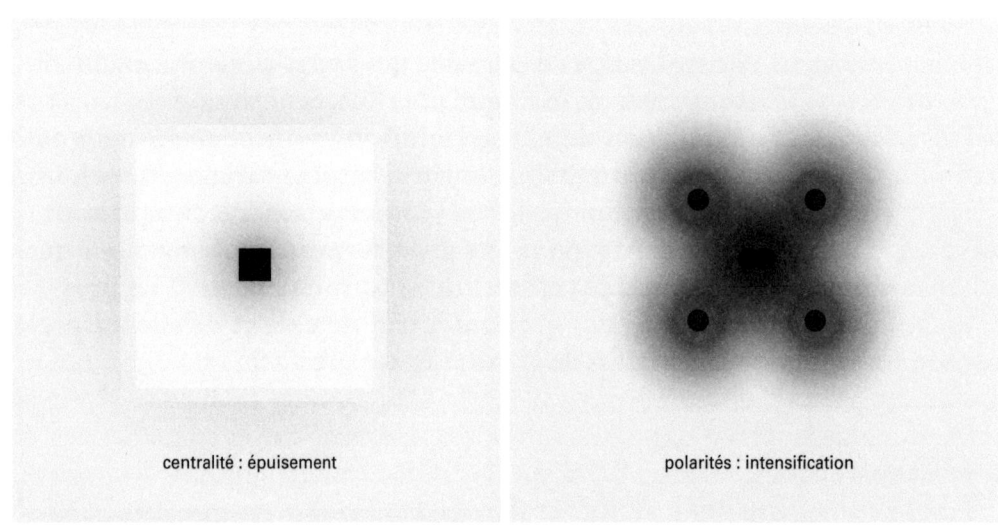

FIG. 9   MARINE DE DARDEL, *HIÉRARCHIES / HÉTÉRARCHIES*, 2021

À en croire Derrida, le court récit de la tour de Babel ne dit pas seulement que la multiplicité des langues est irréductible, il suggérerait « l'impossibilité d'achever quelque chose qui serait un système, une construction architecturale, un ordre cohérent, unitaire, une expression transparente ou adéquate[39] ». Chaque œuvre produit de l'original, du sacré, mais aussi d'infinies traductions. Ainsi, *construire, c'est traduire* : c'est rendre présent ce qui est absent, mettre le monde en rapport avec ce qu'il renferme de mystérieux, ce qui demeure inconnu et inintelligible.

Comment le lexique univoque de la planification urbaine et sa législation peut-il satisfaire à cette tâche primordiale ? Comment opérer cette translation nécessaire du quantitatif au qualitatif ? Oser nommer l'indescriptible[40]… en rêve peut-être, mais par écrit ?

***

Février 2023

Puisque « le danger est la netteté des identifications[41] », il faudra déployer les ressources d'une éloquence tout autre, pleine de tropes inouïs. Au modèle binaire opposant un centre à sa périphérie, il s'agit de substituer un réseau de polarités différenciées. Objet, zone, dégagement, bord, frontière, sont écartés au profit de pôles, de concentrations, d'intensités, de transitions. Le statisme intrinsèque imposé par une loi qui fixe des valeurs absolues doit laisser place au dynamisme de termes relatifs. Proportions, compositions, résonnances, rayonnements, frictions : l'expression de la ville serait celle d'un mouvement incessant, de matière débattante, de complexes négociations.

***

Des décennies de mise en garde n'auront pas suffi. Faut-il rappeler la critique de l'espace du *Discours sur les passions de l'amour*, ce *Guide psychogéographique de Paris*[42] qui, par « l'étude des lois exactes, et des effets précis du milieu géographique, consciemment aménagé ou non, agissant directement sur le comportement affectif des individus[43] », donne à voir retranscrite une perception sensible de l'espace, la lecture d'une poétique ayant trouvé sa tangibilité dans le monde physique ? Les situationnistes cherchent à s'émanciper de l'imitation de la vie résultant du développement urbain à grande échelle et désertée par l'imaginaire. Critiquant ardemment l'impasse surréaliste, Debord appelle à une véritable révolution de la culture et des mœurs, il conçoit la ville comme une composition d'affects.

> *Nous pensons d'abord qu'il faut changer le monde. Nous voulons le changement le plus libérateur de la société et de la vie où nous nous trouvons enfermés. Nous savons que ce changement est possible par des actions appropriées.* [...]
>
> *Nous devons mettre en avant les mots d'ordre d'urbanisme unitaire, de comportement expérimental, de propagande hyper-politique, de construction d'ambiances. On a assez interprété les passions : il s'agit maintenant d'en trouver d'autres.*
> — GUY DEBORD, *RAPPORT SUR LA CONSTRUCTION DES SITUATIONS ET SUR LES CONDITIONS DE L'ORGANISATION ET DE L'ACTION DE LA TENDANCE SITUATIONNISTE INTERNATIONALE*, 1957

La psychogéographie est réalisée par la dérive. Méthode critique permettant de retrouver une poétique perdue de l'espace urbain, elle comporte aussi une équivoque sémantique renvoyant simultanément à l'émanation, la déviation, et au départ, à l'éloignement des lignes fixes[44]. On vagabonde dans les rues en quête de ce que Perec nommera plus tard *l'infra-ordinaire*[45]. Cette tension entre le réel ordinaire et sa surcharge poétique ou passionnée, n'est pas sans rappeler les idées de Henri Lefebvre sur la ville et la vie urbaine contemporaine : « Changer le quotidien ce serait changer la vie. Cette transformation, et elle seule, mériterait le nom de révolution[46]. »

Fustigeant l'ubiquité commerciale et dénonçant le progrès superficiel, il signale que :

> *Notre civilisation a dramatiquement raté le tournant de l'époque industrielle (révolue) à l'époque urbaine (actuelle) et préconise, après la réforme agraire, la réforme urbaine.* [...]
> *Pour que la ville reste encore ce qu'elle fut, et ne se métamorphose pas en un monstre, en une machine à écraser les hommes, il faudra que son peuple la reprenne en main, la récupère, la reconquière...* — HENRI LEFEBVRE ET MICHEL RÉGNIER, *ENTRETIEN AVEC HENRI LEFEBVRE*, 1972

C'est cette reconquête qu'il s'agit enfin de réaliser. Réinvitant l'imprévisible et l'indéfini, s'en remettant paradoxalement à un certain processus de hasard et d'intuition. Que le regard se fasse oracle, saturé d'images fortes ! Les formes suivront.

*

> *L'esprit doit saisir et goûter sans mélange une image créée.*
> *La création de l'image est donc un moyen poétique puissant et l'on ne doit pas s'étonner du grand rôle qu'il joue dans une poésie de création.*
> *Pour rester pure cette poésie exige que tous les moyens concourent à créer une réalité poétique.*
> — PIERRE REVERDY, *L'IMAGE*, 1918

Marine de Dardel

1. « L'image est une création pure de l'esprit. Elle ne peut naître d'une comparaison, mais du rapprochement de deux réalités plus ou moins éloignées. Plus les rapports entre les deux réalités seront lointains et justes, plus l'image sera forte, plus elle aura de puissance émotive et de réalité poétique. Ce qui est grand, ce n'est pas l'image mais l'émotion qu'elle provoque. [...] L'émotion ainsi provoquée est pure, poétiquement, parce qu'elle est née en dehors de toute imitation, de toute comparaison. » Pierre Reverdy, *Nord-Sud*, in *Œuvres complètes*, Flammarion, Paris, 2010, p. 495.
2. David Hume, *Traité de la Nature Humaine*, 1739.
3. « Le précurseur sombre, c'est ce qui mettait en rapport des potentiels différents. Et une fois qu'il y avait le trajet du sombre précurseur, les deux potentiels étaient comme en état de réaction. Et, entre les deux, fulgurait l'événement visible : l'éclair. » *L'Abécédaire de Gilles Deleuze* avec Claire Parnet, « Z comme Zig Zag », documentaire de Pierre-André Boutang, 1988-1989.
4. « Pour une surprise, c'en fut une. À travers la brume, c'était tellement étonnant ce qu'on découvrait soudain que nous nous refusâmes d'abord à y croire et puis tout de même quand nous fûmes en plein devant les choses, tout galérien qu'on était on s'est mis à bien rigoler, en voyant ça, droit devant nous... Figurez-vous qu'elle était debout leur ville, absolument droite. New York c'est une ville debout. On en avait déjà vu nous des villes bien sûr, et des belles encore, et des ports et des fameux mêmes. Mais chez nous, n'est-ce pas, elles sont couchées les villes, au bord de la mer ou sur les fleuves, elles s'allongent sur le paysage, elles attendent le voyageur, tandis que celle-là l'Américaine, elle ne se pâmait pas, non, elle se tenait bien raide, là, pas baisante du tout, raide à faire peur. » Louis-Ferdinand Céline, *Voyage au bout de la nuit*, Éditions Denoël, Paris, 2010, p. 125.
5. Herman Melville, *Bartleby, le scribe : une histoire de Wall Street*, trad. Bernard Hoepffner, Éditions Mille et une nuits, Paris, 1994.
6. « Skyscrapers Not Big Enough, Says Le Corbusier at First Sight » New York Herald Tribune, 22.10.1935.
7. Attr. à Joseph-Ignace Guillotin (1738-1814).
8. Edmund Burke, *A Philosophical Enquiry into the Origin of Our Ideas of the Sublime and Beautiful*, 1757.
9. Michael Löwy et Robert Sayre, *Révolte et Mélancolie. Le romantisme à contre-courant de la modernité*, Éditions Payot, Paris, 1992.
10. « L'homme n'est qu'un roseau, le plus faible de la nature, mais c'est un roseau pensant. Il ne faut pas que l'univers entier s'alarme pour l'écraser ; une vapeur, une goutte d'eau suffit pour le tuer. Mais quand l'univers l'écraserait, l'homme serait encore plus noble que ce qui le tue, puisqu'il sait qu'il meurt et l'avantage que l'univers a sur lui, l'univers n'en sait rien. » Blaise Pascal, *Pensées*, Hachette, Paris, 1904.
11. Voir François Charbonnet et Patrick Heiz, *Histoires Extraordinaires*, Leçon Inaugurale, ETH Zürich, 30.04.2019.
12. Charles Baudelaire, « Enivrez-vous », in *Le Spleen de Paris, petits poèmes en prose*, XXXIII, 1869.
13. Martin Esslin, « Samuel Beckett's Poems », in *Beckett at Sixty*, Calder and Boyars, Londres, 1967.
14. John Fletcher, *Samuel Beckett's Art*, Chatto & Windus, Londres, 1967.
15. Aristote, *Poétique et Politique*, IVe siècle av. J.-C.
16. L'allusion au fameux sonnet d'Arthur Rimbaud est évidente ; ses « Voyelles » ouvrirent la voie à d'infinies interprétations de sens – du souvenir d'enfance (jeu primitif et langage archaïque) à l'hallucination symboliste, ésotérique ou occultiste, jusqu'à l'hommage synesthétique à Baudelaire.
17. « Je tiens René Char pour notre plus grand poète vivant et *Fureur et Mystère* pour ce que la poésie française nous a donné de plus surprenant depuis *Les Illuminations* [Arthur Rimbaud] et *Alcools* [Guillaume Apollinaire]. » Albert Camus, Préface à l'édition allemande des *Poésies de Char*, Gallimard, Paris, 1951.
18. « Il est réconfortant de penser que les imbéciles n'en sauront rien », René Char, *Le Marteau sans maître*, Éditions Surréalistes, Paris, 1930.
19. Marie Legret, « René Char, Pour une lecture de *Recherche de la base et du sommet* », Textimage, Varia 2, été 2010.
20. Centre national de ressources textuelles et lexicales (CNRTL), Lobotomie, https://www.cnrtl.fr (dernière consultation le 19.05.2022).

21 Gilles Deleuze et Félix Guattari, *Capitalisme et schizophrénie 1 : L'Anti-Œdipe*, Paris, Éditions de Minuit, Paris, 1973 et *Capitalisme et schizophrénie 2 : Mille plateaux*, Éditions de Minuit, Paris, 1980.
22 Maurice Blanchot, *L'Entretien infini* [1953-1965], 1969.
23 René Char, « Vieira da Silva », *Recherche de la base et du sommet*, 1955.
24 Mary Ann Caws, *L'Œuvre filante de René Char*, A.-G. Nizet, Paris, 1981.
25 Rem Koolhaas, *New York Délire, Un manifeste rétroactif pour Manhattan*, trad. Catherine Collet, Éditions Parenthèse, Marseille, 2002 (éd. originale 1978).
26 *Ibid.*
27 *Ibid.*, p. 152.
28 Sigfried Giedion, *L'Éternel présent : la naissance de l'architecture*, trad. Éléonore Bille-De Mot, Éditions de la Connaissance, Bruxelles, 1966, p. 301.
29 Le grand incendie de Chicago survenu du 8 au 10 octobre 1871 libère des surfaces considérables.
30 Hannah Arendt, *Condition de l'homme moderne*, trad. de l'américain par Paul Pradier, Calmann-Lévy, Paris, 1961.
31 Paul Virilio dans une interview, « Les Nuits de France Culture », 29 décembre 2017, min. 09:55 ; voir aussi *Ville panique, Ailleurs commence ici*, Galilée, Paris, 2004.
32 Paul Virilio s'inscrit ainsi dans la tradition de Friedrich Hölderlin (« là où croît le péril, croît aussi ce qui sauve ») et de Hannah Arendt (« la terreur est l'accomplissement de la loi du mouvement »).
33 Le drame indélébile du 11 septembre 2001.
34 Paul Virilio, *Archive de Paul Virilio*, Émission Livre d'Or, INA, 2003.
35 Girard Desargues, *Perspective*, 1636, in *Œuvres de Desargues, Volume 1*, Cambridge University Press, Cambridge, 2011.
36 Centre national de ressources textuelles et lexicales (CNRTL), Horizon, https://www.cnrtl.fr (dernière consultation le 28.04.22).
37 Régis Debray, *Vie et Mort de l'image : une histoire du regard en occident*, Gallimard, Paris, 1992, p. 268.
38 Voir Heinrich Wölfflin, *Renaissance et Baroque*, trad. G. Ballangé, Parenthèses, Marseille, 2017.
39 Jacques Derrida, *Des tours de Babel*, in Joseph Graham (éd.), *Difference in Translation*, Cornell University Press, Ithaca/Londres, 1985.
40 « Certains jours il ne faut pas craindre de nommer les choses impossibles à décrire. » René Char, « Pauvreté et Privilège », *op. cit.*, 1955.
41 Samuel Beckett, « Bruno… Dante. Vico… Joyce » in *Transition*, 1929.
42 Guy Debord, *Guide psychogéographique de Paris. Discours sur les passions de l'amour*, Danemark, Le Bauhaus imaginiste, Copenhague, 1957.
43 Guy Debord, « Introduction à une critique de la géographie urbaine », *Les lèvres nues*, Bruxelles, n° 6, 1955.
44 Pierre Macherey, « Debord et l'expérience de la dérive », in *Situations, dérives, détournements. Statuts et usages de la littérature et des arts chez Guy Debord*, Art Book Magazine, Paris, 2017.
45 Georges Perec, *L'Infra-ordinaire*, Seuil, Paris, 1989.
46 Cf. film documentaire de Jean-Louis Bertucelli à partir du livre de Henri Lefebvre, *Le Droit à la ville*, 1974.

IMAGES

FIG. 1   Jean-Luc Godard, *La Chinoise*
FIG. 2   Gamma-Keystone
FIG. 3   Domaine public
FIG. 4   Musée d'art et d'histoire de Genève MAH
FIG. 5   Domaine public
FIG. 6   Photo par FPG / Getty Images
FIG. 7   Domaine public (Georges Perec, *La Vie Mode d'emploi*, Hachette, Paris, 1978)
FIG. 8   © Peter Marlow / Magnum Photos
FIG. 9   © Marine de Dardel, 2023

MAAG AREAL
+ 5 BRYANT PARK
+ TOUR SANS FINS

▸ B1 B2 B3 C1 D2 D4

BAHNHOFSTRASSE
+ TORRE VELASCA

▸ A1 A3 B1 C1 C3

LEIMBACH
+ EDIFÍCIO COPAN

▸ A1 B1 B3

PRIME TOWER
+ THE ECONOMIST BUILDING

▸ A1 A4 B1 B3 C1 C2 C4

LÖWENPLATZ
+ NEW COURT ROTHSCHILD BANK

▸ A1 B1 C4

Index des images

TONI-AREAL
+ FEDERAL CENTER

▸ A2 B1 B2 B3 D2 D3 D4

HAUPTBAHNHOF
+ METLIFE BUILDING

▸ A1 A3 B1 D3

RENNWEG
+ PLACE DE L'HÔTEL DE VILLE

▸ A1 A2 A3 B1 B3 C3 C4 D4

ZÜRICH WEST
+ ROCKEFELLER CENTER

▸ A1 A2 A3 B1 B3 C3 C4 D4

IRCHELPARK
+ THE BERESFORD

▸ A1 A2 B1 C1

**LEUENHOF
+ LOOK BUILDING**

▸ A1 A3 B1 B2 B3 C1 D2

**SCHWAMENDINGEN
+ KITAGATA APARTMENT
BUILDING**

▸ A1 A2 A3 B1

**LEUTSCHENBACH
+ STARRETT-LEHIGH
BUILDING**

▸ A1 B1 B3 C3 D2

**ZÜRICHBERG
+ PALAIS STOCLET**

▸ A1 B1 D1 D2

**JOSEFWIESE
+ TUDOR CITY**

▸ A1 A2 B1 B3 C1

Index des images

**SWISSMILL TOWER
+ KULTURFORUM**

▶ A1 B1 B3 D2 D3

**BELLEVUE
+ CORSO VITTORIO
EMANUELE**

▶ A1 A3 A4 B1 B3 C3

**ZENTRALHOF
+ TOUR BEL-AIR**

▶ A1 A2 A3 A4 B1 B2 C4
D2 D3

**CAFÉ OBER
+ PIRELLI TOWER
+ SESC POMPÉIA**

▶ A1 A2 A3 A4 B1 B2 C4
D2 D3

IMAGES RAPPORT

P. 16	Martin & Werner Feiersinger, Italomodern
P. 18	Nelson Kon Fotografias
P. 35	Montage créé en partie avec une photographie originale par Wurts Bros. Collection du Musée de la Ville de New York (Museum of the City of New York)
P. 38	SRF / Oscar Alessio
P. 40	Walter Mair
P. 42	Edwin Levick / Stringer / Getty Images
P. 46	Thomas Struth
	Creative Commons: Kurt Rasmussen
	Montage créé en partie avec des photographies originales de Thomas Struth et Kurt Rasmusen
P. 55	Losys GmbH
P. 61	FrankRamspott / Getty Images
P. 63	OMA / Rem Koolhaas
P. 64	Roger Frei
	Patrimoine Suisse / Oliver Marc Hänni
	Bebek
	Keystone
	Yohan Zerdoun
	Marina Bay Sands Pte Ltd
	Filmpodium de la Ville de Zurich
	TK Elevator
	Tamás Bujnovszky

IMAGES INDEX

P. 124	Jean Nouvel & Associés, © Georges Fessy
	Jean Nouvel, Emmanuel Cattani & Associés
P. 125	Rockefeller Center, Inc., in: Chamberlain, Samuel. *Rockefeller Center*.
	En réponse à «*The Family Sells the Family Gun*» par Jennifer Mascia, © 2017, par l'auteure, de *Bullets into Bells: Poets & Citizens Respond to Gun Violence*. Avec la permission de l'auteure.
P. 126	PtrQs-CC BY-SA 4.0
	Alamy
P. 127	Thomas Struth
	Creative Commons: Likasia

IMAGES RABATS

Jean-Luc Godard

COLOPHON

ÉDITEURS / ÉDITRICE
François Charbonnet, Marine de Dardel, Patrick Heiz

TRADUCTION
Dr. Claudia Kotte (FR > DE)
Martine Sgard (DE > FR)
Marine de Dardel (DE > FR)

RELECTURE
Lisa Schons (DE)
Myriam Ochoa-Suel (FR)
Marine de Dardel (DE / FR)

OBTENTION DES DROITS D'IMAGE
Yourpictureditor di Margherita Guerra

MISE EN PAGE
Atlas Studio avec Clio Hadjigeorgiou

LITHOGRAPHIE
Marjeta Morinc

IMPRIMERIE
DZA Druckerei zu Altenburg, Thuringe

© 2024   Made In Sàrl, Genève, ETH Zurich, et Park Books AG, Zurich

© pour les textes   l'autrice et les auteurs
© pour les images   voir crédits photographiques

Park Books
Niederdorfstrasse 54
8001 Zurich
Suisse
www.park-books.com

La maison d'édition Park Books bénéficie d'un soutien structurel de l'Office fédéral de la culture pour les années 2021–2024.

Toute reproduction, représentation, traduction ou adaptation d'un extrait quelconque de ce livre et de ses illustrations par quelque procédé que ce soit sont réservées pour tous les pays.

Édition française   ISBN 978-3-03860-369-6
Édition allemande   ISBN 978-3-03860-368-9

Édition mixte   ISBN 978-3-03860-412-9
Directives relatives aux immeubles de grande hauteur en allemand,
De la verticalité en français